ムリめの彼、
年下の彼、
忘れられない彼…

からアプローチされる！

SECRET《シークレット》
婚活塾
Revenge《リベンジ》

塾長／No.1恋愛力トレーナー
井上敬一

SB Creative

はじめに

モテ男攻略・復縁・略奪・アプリ…禁断の㊙テクニックついに解禁！

こんにちは！　「シークレット婚活塾」塾長、井上敬一です！

本書を手にとってくださり、ありがとうございます。

前作『シークレット婚活塾』に続く第2弾。今回は、**最新の恋愛シーンを網羅した「リベンジ編」**です。

なぜ「リベンジ」なの？　と思われるかもしれませんね。

じつは、コロナ禍を経て、恋愛事情も以前とは変わってきました。

たとえば、恋愛に発展する出会いの場というと、以前は飲み会や合コンといった対面形式がメインでした。が、２０２０年4月の緊急事態宣言以降、対面の機会は少なくなり、かわりに浮上してきたのが婚活アプリ。あるいは、決して新しくない、身近なところでのパートナー探しです。

世紀末的な焦燥感からか、1人は寂しい……と考える〝コロナ復縁〟や、その逆に自粛期間に心が離れてしまった〝コロナ別離〟も話題になりました。

今回の本では、現実的に会うことのできる人、またはすでに出会えている人のなかで、まずは恋愛関係に発展しそうな相手に目を向けていきます。

知ってはいるけれど、**高スペック**すぎて諦めていた人、気になる**年下**の彼、諦めきれない**元カレ**、**アプリ**での出会い、**彼女がいる**けれど気になる人、毎日のように顔を合わせる**身近**な彼……への**〝シークレットな攻略法〟**を「リベンジ編」として紹介します。

前作でも書いたと思うのですが、ぼくが伝える手法の特徴を簡単にお話ししましょう。ここは概念を教えるところではありません。行動、つまり〝やること〟を伝えます。ですから、当然〝やること〟の項目はそこそこの数になります。

もう少し具体的に言うと、**「男は〝いい子〟が好き」**というぼくがよく言うフレーズがあります。都合がいい子ではありませんよ。性格がいい、性根がいい、ということです。とくに日本の男は女性に、純粋さ、素直さ、誠実さなどを求める傾向が強いため、自分のことは棚にあげて〝いい子〟を求めます。

しかし、この「いい子」という〝概念〟を、さらなる概念で説明することはいたしません。男性に好かれる〝いい子〟になるための意識や考え方、気もち……などは一切話さないかわりに**〝いい子〟がとる言動を覚えてもらい、どんどん実践**してもらいます。もう正直に言いますが、いい子に見えるだけでもいいです。

意識や考え方、概念はどうでもいい。それより、男が夢中になる理想の〝いい子〟がとる行動をとり、〝いい子〟が選ぶ言葉やフレーズを口にして、〝いい子〟の振る舞いを身につけてほしいのです。

そんなのわたしじゃない！　このままのわたしを愛してほしい！

そうおっしゃる方は、すぐにこの本を閉じてくださってＯＫです。あなたのいつものやり方で、幸せな結婚相手をお探しください。

でも、時間がもうないと切羽詰まったあなた、また、早く結婚を叶えたいあなたは（なんといってもリベンジ編ですから）、ぼくが生み出したこの方法を信じて、実践してみることをおススメします。結婚を早く叶えてほしいからです。心配しなくても、結婚後は全開であなたらしさを出せばいいですから、まずは結婚するということにコミットしていきましょう。

そもそもですが、この本ではあなたの性格を変えろとは言いません。**中身は〝あなたのまま〟でいい**。変えるのは、コミュニケーションの方法です。ただし、言うこと、やること、振る舞い、多岐にわたって**徹底的に教えます**。あなたはそれに従って実行するだけ。そうすれば**絶対に成功します**。

第1弾のシークレット婚活塾もそうでしたが、女性が考えつかないような戦略的なところをかなり伝えたつもりです。今回もしかりです。

恋愛って感情だから楽しいけれど、うまくいくには理性が必要です。戦略が不可欠なのです。なにより、男の気もちはやはり男にしかわからないので、それを踏まえての男の攻略法を書いたつもりです。

これまでの恋愛や婚活が**うまくいかなかったのはあなたのせいではありません**。婚活を円滑に進めるには、**男性脳による戦略的コミュニケーションが不可欠**です。この本をしっかり読み込んでぜひインストールしてほしいのです。

シークレット婚活塾の恋愛コミュニケーションメソッドの特徴は、実践に即していること。つまり、すぐ行動に移すだけでいいのです。

なかには一見、非常識と思われるような原則もあるかもしれません。ですが、そこを否定するのではなく、まずは受け入れ、トライしてみてください。そうすれば、すぐにこのメソッドの効果を実感していただけると思います。

男の心理なんて、そんなに難しいものではありません。恋愛コミュニケーションの原理原則を学び、練習を重ねれば、意中の彼に愛され、結婚することが可能なのです。

〝女の敵〟だった元ホストが ざんげの気もちで女性の最強セコンドに！

ここで少し自己紹介をさせてください。

「伝説のホスト」などという肩書で知られているワタクシ井上敬一ですが、一般社団法人 恋愛・結婚アカデミー協会の代表であり、僧侶でもあります。在家出家という形ですが、青森県の高雲山観音寺《こううんざんかんのんじ》で得度《とくど》し「維敬《ゆいきょう》」の法名をいただいています。

ホスト業で培《つちか》った人に好かれるコミュニケーション、尊敬されるマインドを、一般企業や個人のみなさまにお伝えする講師業をしています。

人に好かれ人間関係が良好になれば、社内ではマネジメントがうまくいき、生産性があがります。また、社外ではセールスがうまくいき業績があがります。そして、個人では、当然ながら人に好かれると恋愛や婚活がうまくいきます。

多くの企業さまやみなさまに喜んでいただけるので、本当にホスト時代にコミュニケーション能力を磨いておいてよかった、と思う今日このごろです。

さて、そもそも「ホスト」という仕事に就いたのは、19歳のときでした。大失恋というメンタル崩壊に、母の破産という家庭の懐《ふところ》事情が重なり、京都の立命館大学を中退。何気なく足を踏み入れたホスト業界に、約20年、身を置きました。

入店1か月目から5年間、連続ナンバーワンをキープし、当時、関西最高記録となった1日1600万円の売上を達成。一介のホストでは満足せず、ナンバーワンのまま現役を引退。複数のホストクラブを束ねるグループ経営者となりました。

そう書くと、ぼくの性格が最初からホストに向いていたように思われるかもしれませんよね。天職みたいなね。でも、もともとは根クラで内気で人見知り。ナンパは瞬間芸みたいなものですから一瞬だけ力を出せばできます。が、人を惹きつける会話がどんなものなのかも、人間関係を築くコツみたいなものも、なにも知りませんでした。

ホストは、自分自身が商品です。お客さまに好きになっていただき、指名され続けなければなりません。入店してかなりビビったのですが、当時もいまも、実際に会うホストたちはめちゃくちゃかっこいいです。ぼくは自分を客観的に見る目をもっているつもりですから、こんな中途半端な顔では「絶対に勝てへん」とすぐに悟りました。だから、コミュニケーション能力を磨くしかなかったのです。

店では、新人が席につくと「キミはなにをやってくれるの?」「どうやって楽しませてくれる?」とお客さまはもちろん、店側も期待します。

「ホストとしてどんだけ通用するか、見せてみぃ」というわけです。

これはめちゃくちゃプレッシャーです。当初、一発ギャグも何百回とやりましたが、ウケたことは一度もありませんでした。

あるとき、ケンさんというホストの横についたときのことです。ぼくからしたら全然おもしろくない話なのに、女の子がめっちゃ笑ってる。驚きました。そのとき、「男と女の会話は違うんや」ということにはじめて気づいたのです。ぼくがしていたのは「男性にウケる会話」やったのだと。

それからは、観察しまくりの毎日です。お客さまとの会話で答えられなかったことは、その日のうちに調べて答えられるようにします。「あのドラマ観た?」、観ていなかったら観る。「この歌、歌える?」、知らなかったら次までに歌えるようにしておく。「ホストはわたしたちのことを金としか見てないんやろ?」など、その場で答えに窮《きゅう》した質問は、家で考えて、次の日か、遅くとも1週間以内にはベストアンサーを返すようにしました。そうすることで引き出しが増え、会話力がつき、お客さまに楽しんでもらえるようになったのです。

本書のなかで提唱する婚活コミュニケーションメソッドは、20年間のホスト業でかかわってきた約1万人の女性との経験、そしてホストを約1000人育成してきた経験から導き出された、**人間を一瞬で魅了する技術とマインド**です。

しかもそれにプラスして、男性目線からするとこういった女性がいい、という観点で書いていますので、この通りにやっていただきさえすれば絶対に成果が出ます。実際にぼくが開催するセミナー卒業生のみなさまからは、続々とだんなさまには内緒で、「結婚しました!」と写真を添えたメッセージが届きます。

あなたの容姿も、年齢も、性格も、なにも悪くない!

コミュニケーションのルールを知らないだけ！

男の気もちを知らないだけ！

そこさえわかれば絶対にうまくいく！

これだけ出会いの場がある昨今、「出会いがない」は嘘！　出会いをものにする力が大事。

婚活とはコミュ活です。恋愛だけでなく、すべての人間関係がよくなります。

女性のみなさまが自分らしく自信をもち、輝きに満ちた人生を歩めるように。

そして、本当に大切な男性と結ばれるように。

コミュニケーションのとり方を変えるだけで、あなたも未来を切り拓くことができるのです。

マインドコントロールのような心理戦までとってきた伝説のホストです。調子に乗りまくって女の敵だったマインドから180度、**ざんげの気もちですべてを明かします。**

聞こえのいい美辞麗句《びじれいく》や、心に安心感を与えるだけの恋愛本、婚活本は目指していません！　説明不要！　**成果にコミットした具体的な実践実証済みの方法**を伝えますので、しっかりとついてきてくださいね！

ムリめの彼、年下の彼、忘れられない彼…からアプローチされる！
シークレット婚活塾［リベンジ］――もくじ

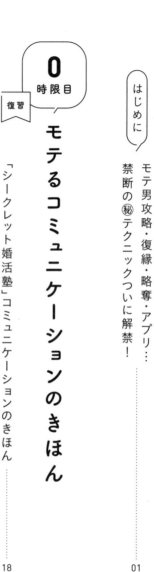

1時限目

「ムリめな彼」の攻略法 ハイスペック男子

2時限目 「年下の彼」の攻略法 年下男子

3時限目 「フラれた彼」の攻略法 復縁

4
時限目

「アプリの彼」の攻略法
婚活アプリ

5時限目
「条件つきの彼」の攻略法
略奪

振り子の法則

人を夢中にさせる門外不出の秘義

課外授業

「運命の相手」は近くにいる

同僚・同級生・友だち婚

特別授業

「なかなかプロポーズしない彼」にプロポーズさせる

0
時限目

復習

モテる
コミュニケーションの
きほん

#「シークレット婚活塾」コミュニケーションのきほん

他人に好かれる人はどういう人かというと、**〝居場所づくり〟**ができる人。これがコミュニケーションの大前提です。

たとえば、あなたに行きつけのお店があるとしましょう。あなたはなぜ、そこに通うのでしょうか。それは、そこに居場所があるからだと思います。

ぼくがよく行く居酒屋は、入るとなにも言わなくてもぼくの好きなメニューを出してくれます。また、ずっと通っている美容室はぼくの髪の質を誰よりも知っていて、「頭頂部が薄くなってきてるから、うまくやっといたよ」と言ってくれます（笑）。

こういうところにぼくは居場所を感じて何度も行くのです。人もこれと同じく、あなたといると居場所を感じる、つまり、ここにいていいのだと相手に感じさせることができると、あなたを大好きになってくれて、「また会いたい」「また話したい」と思ってくれるようになるのです。

もう少しわかりやすく言うと、相手が相手のままでいられる。しかも、居心地よくいられる。これがとても大事です。そのための1つの手法が「相手のことをよくわかっている」ということでもあります。

先程の行きつけのお店も、ぼくのことをよくわかってくれているので、居心地がよく、安心感をもって通えるのです。**居場所づくりができる人は相手に好かれる。**そして居場所づくりは相手のことをよく知ることで叶う。まずは大前提として、このことを頭に入れておいてください。

では、このことを土台にしながら、恋愛というものが、そもそもどのようにステップアップしていくのかをお話ししましょう。前作『シークレット婚活塾』でも紹介しているので、お読みいただいた方はここでぜひ復習してください。

惚れさせる恋愛のステップ「したのりす」

会話も交わさず、ひと目合った瞬間、お互い恋に落ちる……なんていうことはほとんどありません。恋が成就《じょうじゅ》するには、段階があるのです。

そこで、あなたに伝授するのが**「したのりす」の法則**です。

これは、ぼくがホスト時代にたくさんのお客さまとコミュニケーションをとるなかで、相手に自分のことを好きになってもらうには、いくつかの段階を踏んで、コミュニケーションをとる必要がある！　と気づいたことから生み出された法則です。

し：承認
た：楽しさ
の：能力
り：リスペクト
す：好き

コミュニケーションが、この「したのりす」の手順を踏んでいるかどうかで、恋愛関係になれるかどうかが決まります。

恋愛が成就する最初の段階で必要なのは、「承認」と「楽しさ」です。その後、成就した恋愛が持続するには、「能力」と「リスペクト」が必須です。

詳しくはのちほど解説しますが、承認と楽しさを、他者とのコミュニケーションで伝え、能力とリスペクトは、自分とのコミュニケーションで引き出します。それが相手からの「好き」を結ぶのです。

し＝承認

承認の練習だけをやる日をつくってもいいくらい、基礎的で重要なステップです。**人は認められたい生きもの**です。自分のことを認めてくれたと思うと、この人はわかってくれる人だと強く思い、心を開きます。

承認欲求という言葉をみんな知っていると思いますが、これは誰もがもっているものです。だからSNSの「いいね」の数が気になるのです。「わたしは承認欲求なんてないし、どうでもいいし！」などと言っている人も、ある意味、そういう価値観を〝認めてほしい〟という承認欲求をもっているから、それだけ強く言うのです。

相手の価値観や人間性、趣味、嗜好《しこう》、正しい・間違っている、善悪……などをジャッジせず、まるっとそのままを認めてあげるマインドが人間関係のベースです。

同意まではしなくてもいいし、自分の意見はハッキリもっていてもいいので、相手の考えをそのまま受け止めてみる、自分の考えを押しつけない、これが承認になります。

相手が男性でも女性でも承認の効果は絶大です。

た＝楽しさ

「楽しさ」というのは、「いっしょにいて楽しい」「会話をしてて楽しい」「価値観が合う」と相手に感じてもらう関係をつくることです。

男女ともに間違えてしまうのは、「自分が楽しいと思っていることは、相手も楽しいだろう」と思い込んでしまうところ。これが間違いの元になります。

「楽しさ」とは、相手にとって楽しくなければなりません。このことは第1弾の本にかなり詳しく書いていますのでぜひ読んでいただきたいのですが、**〝男女は絶望的に違います〟**。

その違いを理解しないでコミュニケーションをとるからエラーが起こり、お互いになんだか楽しくないなと思うようになるのです。

たとえば、女性に多いのは、今日あった出来事や単なる雑談を共有するとおもしろい、楽しいと思っているタイプ。

「今日ね、六本木に行って……。あそこの○○っていうお店で△△を買ってね、でもね、ちょっと高い買い物かな〜って、思っちゃってね。あと帰りにプリン買おうと思ったんだけど、太ると嫌だからチートデイまで我慢したよ〜、えらくない？……」

正直、そんな話につき合える男はおらんのです。ニュースポット、ファッション、グルメ、美容……。これらも一般的に男性は興味なんかありません。

いや、もちろん、興味あるふりをすることはできますよ。食べものが好きなグルメもなかにはいるでしょうし、美容男子も昔よりはたくさんいます。ただし、ある程度年齢を重ねたオトナの男性やすでに仕上がっている男性かもしれません。そのため少ないのです。


女性の「楽しい」と、男の「楽しい」は違います。


あなたが狙っているのはどんな相手なのかを見定めること。その彼はどんな話題を楽しいと思うでしょう？　まずはリサーチが必要かもしれません。

さらに言うと、男性は女性の会話の運び方を楽しいとは思わないものです。

男は会話を手段にして、生産性や解決、具体的なアクションをゴールにしています。そのため、会話自体を目的にしていて、会話のゴールが共感である女性とのコミュニケーションが楽しくないのです。男性は話を聞くより、自分のことをいかに称えてくれるか、それが唯一男が楽しいと感じるコミュニケーションだからです。

会話のゴールは、女性は「共感」。男性は「称賛」。

と覚えておくとわかりやすいでしょう。面倒だと思うかもしれませんが、これをやらないとより面倒なことになるのでよく覚えておいてくださいね。

の＝能力

自分の女性としての能力、仕事としての能力。ここも見せていかなければなりません。言葉を選ばずに言うとアホじゃあかんよということです。

とくに、恋愛だけならまだアホなところがかわいらしいと思えますが、結婚となると、実生活がともない、ある意味人生という荒波をともに乗り越えていかないとアカンのです。そういう意味でも、男にはない女性の能力のアピールは必須です。ただし順番が大事です。**承認して、楽しさを与えてからというのがポイント**です。

わかりやすくまずは男性の例で説明します。男の勘違いは、いきなり自分の能力をアピールすればモテると思っているところ。人脈、お金、会社名、学歴、その他の能力、これらをいきなりこれ見よがしに伝えているバカな男も多いです。でも先に女性を承認せず、女性に会話で楽しさを提供せず、「したのりす」のステップを踏まず、いま言ったことを女性に伝えたら、ただ自慢話をしているイタい男と思われるだけです。

でも、最初にあなたのことを「いまのままのあなたですばらしいですよ」と認めてくれて、話を聞いてくれて、ユーモアあふれる楽しい話で盛りあがって、そのあとに、「じつは大手広告代理店で働いています」とか「自分でビジネスを展開しています」「年収はこれぐらいです」と言ったときには、たしかに男としての能力があると素直に聞けるでしょう。

女性もここに気をつけながらコミュニケーションをとってくださいね。

とくに能力や年収が高い女性の場合や、ハイスペックだと思われる職種の女性の場合。それを男性に伝えると引かれるので言わないということもあるようですが、順番さえ守れば安心して伝えてもいいのです。

それでも引くような男性なら、そもそも自信がなさすぎる男だし、マウントをとりたがる男なので、ぼくは相手にしなくていいと思っています。

り＝リスペクト

究極的に、相手への尊敬がないとつき合い続けるのは難しいです。ですから、人としての尊敬をお互いにもてるかどうか。これが肝心です。

「あの人はいい人だけど……」と言いながら、でも恋愛相手としては見られない、という男性っていますよね？　それはなにが足りないかと言うと、尊敬の念が足りないのです。だから、相手を尊敬することも大事だけれど、あなた自身も相手から尊敬されること。

そこが欠けると、相手の「好き」も続きません。彼がもっていないあなたの能力を、きちんと見せることが必要です。尊敬されるには、自分をしっかりもち、ブレない生き方をしなければなりません。

顔がキレイだねと言われるよりも、「いい顔してるね」と言われるように。

す＝好き

これまでの「したのり」がすべてそろうことで、はじめて「好き」という感情が完結するのです。

恋愛関係では、必ずこの「したのりす」の段階を経て進んでいきます。

もしもどこかで**うまくいかなくなったら、「承認」に戻りましょう。**どこの段階に進んでも、承認は基礎、信頼関係のベース。相手を認め続けることが大事なのです。

コミュニケーションは話さなくたっていい

婚活＝コミュ活です。

相手に好きになってもらうには、コミュニケーションが大切です。コミュニケーションと聞くと、「なにを話したらいいのかわからない」というように、自分が話すことに気をとられている人が多いように思います。ですが、話さなくたっていいのです。

まずは、ぼくが言うところの**「無言のコミュニケーション」**がとても大事です。

無言のコミュニケーションとは言わば非言語。身振り手振り、表情、目線、そのほかの体のジェスチャーのことです。これが人間にとっていちばん最初にとり交わされるコミュニケーションであり、会話中もずっと見られているコミュニケーションなので、ある意味もっとも影響力があるのです。

なかでも**いつ、誰が、どのようにやっても人に好かれる**ものがあります。

それは、**笑顔でうなずく。これだけ**です。そしてこれが本当に非常に重要です。

ここがきちんとできていないと、相手はあなたと話す気にもならないし、あなたの話を聞く気にもなりません。

なぜなら**笑顔は最高の承認コミュニケーション**だからです。

笑顔を見ると、人は認められた、受け入れられたと感じます。相手の自己受容感が満たされて、あなたのことを好きになる。逆に相手の話をちゃんと聞いていても、無表情で反応がなければ、あなたの気もちは相手に伝わりません。

同様に**うなずきも相手を承認するいちばんのジェスチャー**です。よく緊張して無表情になっていたり、相手の話を真剣に聞こうとするあまり、うなずきを忘れていた、という方がいますが、相手からすると、承認してくれなかった、と思いそ〜っと離れていきますので気をつけてください。

実際、以前はまったく恋愛がうまくいかなかったという方も、**「笑顔でうなずく」これだけを変えて結婚した**受講生がいます。それだけ男性は承認を求めているということです。と同時に、いままでは承認を男性に感じさせる振る舞いができていなかっただけだということです。

要は、誰にでもできる簡単な相手への承認の方法が、笑顔でうなずくことなのです。うなずきには、**謙虚なうなずきと驚嘆のうなずき**があります。謙虚なものは、〝へぇ、そうなんですね〟という肯定のうなずきと、〝わたしも同じ意見です〟という同意のうなずき。

もう1つは、うしろに反り返るほどの驚嘆のうなずきです。自慢好きな男性には、このうなずきを見せると喜んでくれるでしょう。これだけで本当に男性との人間関係は激変しますのでぜひ、やってみてくださいね。

また、もう少しできるよ、というあなたには、体を使った反応、**リアクションを入れる**ことをおススメします。ポイントは、相手に伝わるように大きく。うなずきもそうですが、ちょっとやりすぎかな？　と思うくらいがちょうどいいです。笑いながら、楽しみながら。そもそも日本人はシャイで動きが本当に小さいですから、**大げさにやるくらいがちょうどいい**です。

また、びっくりしたときは、平常のトーンで「びっくりした」と口だけで言われるよりも、目を真ん丸に見開いたり、手がワッとあがったりすると、臨場感も増しますよね。とくに喜びや楽しみ、おいしいといったポジティブな反応は、それを相手にわかりやすく伝えてあげることです。

「おいしいー」とか、**「今日楽しかったぁ〜」**と大げさに言う女の子って、同性からは嫌われるのかもしれないけど、男にはうれしいものです。

まずはためしに今日から約1か月間、「笑顔でうなずく」ことを練習としてやってみてください。毎日10回くらいでいいです。まずは、本当に好きな人の前で**緊張しないためにも、〝どうでもいい人〟でやってみてください。**

どうでもいい人にはある意味、どう思われてもいいので、リラックスしてでき、とても練習になります。また、人によって態度を変えないという人間性の醸成《じょうせい》も同時にできます。

とにかく**練習試合でうまくいかないのに公式戦でうまくいくわけがない**ので、タイプの方や大好きな彼に実行する前に練習が大事です。また、すぐに効果がわかるという意味でおススメは、あなたが嫌いな人、苦手な人、あるいはあなたのことを嫌いな人を相手に、意図的にこの〝エクササイズ〟を実践してみること。

その人に笑顔で、「うんうん」とうなずいて、へえーとか言いながら話を聞く。

いままではこちらからも話しかけない、話しかけられても嫌いオーラが出ていた。そういう関係の相手には、これだけでわかりやすく変化が起こるでしょう。相手がオープンに心を開いてくれるのが必ず感じられるはずです。

あなたは**話し上手にならなくてもいい**んです。笑顔に引力があるし、うなずきにも引力がある。これができれば相手から自然に、あなたに近づいてきます。

男が選ぶのは、「いけそう」な子

うなずきや笑顔が、それほどまでに効力があるのには理由があります。

想像してみてください。あなたはパーティに参加しています。

そこにいる男たちは、どんな女性を選ぶと思いますか？

かわいい子？　笑顔がキュートな子？　パッと目を引く美人？　好みの女性？

たしかにどれも間違ってはいません。ですが、**男が選ぶのは「いけそうな子」。それが男の正解、本音**なのです。

「そんな軽そうなオンナに見られるのはイヤです！」

いやいや。「いけそう」というのは、抱かれるとか抱かれへんという話ではありません。要は、**自分を受け入れてくれそうな女性**を選ぶ、という習性を男はもっているということなのです。

自信がないのは、あなただけじゃない。男だって同じです。なにをしゃべっていいかわからない。自分がどう見られるのか、どう思われるのか不安でいっぱい。じつは男もビクビク、おどおどしています。

だから、その場でいちばんかわいい女性や美人を選ぶのではなく、**自分の誘いに「NO」と言わなそう**な、話しかけたら相手をしてくれそうな相手に行く。これは、傷つきたくない人間としては当然ですよね。

では、「自分を受け入れてくれそう」と男が見極めるポイントはどこなのか。

それが、先ほど説明した「無言のコミュニケーション」です。

目が合ったときに会釈する、あいさつのときに手を振ってみる、男性の会話も身振り手振りを大きくしながら聞いてみる。飲みもののグラスをさりげなく渡す、そういったことが無言のコミュニケーションです。

難しい人はもっとも簡単で鉄板なのは、何度も言うように笑顔とうなずきです。話しかけた相手、目が合った相手がムスッとしていたら、自分のことを嫌いなんだろうな、少なくとも好きではないだろうな、と思いますよね？

自分がどう思っているかより、男性に〝どう思われるか〟がとても大切なのです。まずは相手にとって**「いけそうな自分」を見せることが重要**です。そうすると男性は安心してあなたのところに自然と引き寄せられます。

男を惚れさせる「オウム返し」の法則

そしてもし、男性との会話をもっと発展させて**惚れさせたいなら、「オウム返し」の法則**を試してください。

相手が使った単語や語尾をそのまま使いながら、会話を進めるバックトラッキングという手法です。これは、聞いてもらっている、わかってくれているという「傾聴」の感覚を相手に与え、また、自分が使った言葉なので、コミュニケーションのズレが少ないという利点があります。

ただ、うまくやらないと人を小馬鹿にしたように聞こえることもあるので、意中の相手に使うのは、友人や家族で練習を積んでからでもいいかもしれません。

たとえば、ぼくが女性と会話している例で言うとこんな感じです。

ぼく「ぼくは兵庫県出身なんです」
女性「兵庫県なんですね」
ぼく「ええ。尼崎《あまがさき》っていうところなんですけど」
女性「尼崎っていうところは、ヤンチャな街と聞いたことが……」
ぼく「はい、たまに帰りますが、いまでも結構ヤバい人が多いですね」
女性「いまでもヤバいんですね」
ぼく「ほんといまだにこんな人種がいるんだとびっくりしますよ」
女性「人種（笑）」
ぼく「ぼくが小さいころはこんな人がいてね……」

こんな感じで相手の会話や単語をオウム返しすると、自然に相手の会話量が増えて、それをうんうんとうなずいて聞くと、相手はとても承認欲求が満たされて居場所を感じます。実際にぼくもこの人に好かれたい、仲よくしたいという人にはやっているとても効果的なコミュニケーションメソッドです。

コツは、餅つきの要領で入れること。漫才の「合いの手」みたいな感じです。あからさまにやると、居心地悪く感じる人がいるのもたしかですので、こちらも必ず練習試合をしてから臨《のぞ》んでください。

自分のことをわかってもらわなきゃ。わかってもらいたい！　これがコミュニケーションの目的になっている人はとても多いです。しかしこれでは、こっちを見て、わたしを見て！　の**「くれくれ星人」**です。

欲しいなら、まず自分から与えること。相手に「自分のことを聞いてもらえた／わかってもらえた」という体験を確実にもたせること。そうすることで、ようやく相手の心の扉を開くことができます。

重要なのは、「話す」よりも「聞く（聴く、訊く）」

会話で重要なのは、あなたが話すことではありません。相手の話をまず「聞く」こと。相手の話を聞いている〝つもり〟でも、じつは聞いていないということがめちゃくちゃ多いんです。

「あぁ、この人ってこういう考えの人なんだ、わたしも同じこと感じたなぁ。いつだったっけ……」など、相手の話を聞いているようで、頭のなかはじつに騒々《そうぞう》しい。

これでは、自分と話をしているような状態なので、人の話をまったく聞いていません。自分の番になったらなにを話そうかと、頭がいっぱいになっていることもあるでしょう。そして、そのノイズがあるあいだ、相手の話は入ってきません。ただのBGMになってしまうのです。

人はたいてい人の話を聞いているつもりで、じつはまったく聞いていないということのほうが多いです。だからこそ、単なる雑談だったとしても、自分の話をしっかり聞いてくれた！　と相手が思ったなら、**あなたの株が急上昇する**のです。

男は「称賛してほしい生きもの」です。ですから、とくに相手の強み、人よりも優れているところを見いだして、その出来事を具体的に聞くのがいいでしょう。

少し細かいですが、男女の違いで言うと、**女性には感情を聞き、男性には出来事を聞いてください。**

たとえば、「スポーツしていました」という話題の場合。女性に対しては、それにまつわる感情面に耳を澄ませます。

「そのスポーツって楽しい？」

「おもしろそうだね？」

「ツライこともあった？」

そうすると「そうそう、楽しいよ」「おもしろかったよ」「ツライこと、いっぱいあったよー」などと女性が言ってくれます。そしてその会話に対して「ほんと楽しそうだね」「やっぱり楽しいんだ！」「ツライこともあったんだね」というように共感をベースに話すととても会話が弾みますよね。

一方、男が欲しいのは共感ではありません。先述したように「称賛」が欲しいのです。男の人生のテーマは〝力の証明〟です。**「俺スゲーんだぜ」**ということへの評価、称賛を会話のなかでも求めます。ですから、**称賛ポイントを見つけやすくするために出来事を掘っていく**のが大切なのです。

先程と同じ例だと、

「そのスポーツを、どのくらいの期間やっていたの？」

「大会に出たことは？」

「どんな練習方法だったの？」

「ポジションは？」

などなど。

さらに彼の実績や努力をもっと具体的に聞くのもいいでしょう。

具体的な出来事にフォーカスし、会話を進めていくと、どこか秀《ひい》でているところ、あなたがそう感じるところが出てきます。そこを称賛していくと会話が弾み、なおかつ彼の居場所ができてとても好かれます。

またほかにも、彼が連れていってくれたレストランへの評価も「おいしかったね」「雰囲気よかったね」という感想だけでなく、「よくこんな素敵な店、見つけたね」**「いつもおいしいお店を見つけるけど、鼻が利くの？」**とか、「どんな情報網をもっているの？」など、この店を見つけた彼の能力や行動への称賛が加わると、しめしめと男性は調子に乗ってたくさん話しちゃうわけです。そして、あなたのことが好きになります。

男の話を引き出す「としこの法則」

また、関係性をより深める段階において、質問力を養うことも重要です。なぜなら、彼が話をすればするほど、あなたに自分のことを知ってもらえて、居場所を見いだせるからです。

ただ、相手のことは知りたいけど、どうやって聞きだしたらいいのか、やっぱりわからない……。

そんなときのために、簡単な質問力の法則「としこの法則」を伝授します。

と：得意なこと
し：仕事のこと
こ：好物のこと

相手の得意なことを聞く、仕事でうまくいってることを聞く、相手の好物（食べもの、趣味、漫画、マイブーム、ハマっている、またはハマっていたものなど）について引き出し、質問を重ねて会話を広げます。

あなたも緊張しているかもしれないけど、男だってなにを話したらいいのか不安に思っていることも多々あります。

また、男は、そもそも話題が豊富ではないし、話していても女性はつまらないと感じるでしょう。

グルメ、ファッション、トレンドに興味もない輩《やから》がほとんどです。

女性とは興味・関心がまるで違うので、会話の共通項がないばかりか、女性が好きな話題での会話、いわゆるアウェーで話をさせると、自分が話せることが少なく、力の証明ができず、男はたちまち居場所をなくしてしまうのです。

なので、男性が興味のあることや**話しやすい話題をあなたが振ってくれたら、あなたがきっと天使に思えるはず**です。

男に一瞬で愛される「すなおの法則」

質問して彼が話し出したら、最高の合いの手を入れましょう。これで会話はさらに盛りあがります。

す：すごい！

な：なるほど！

お：おもしろい！

余計なことは言わず、これだけでいいです。男性は、自分のことを知ってもらえることがうれしい生きものです。もっとうれしいのは自分を称賛してくれることです。なので、**相手にどんどん話させて、「すなお」のどれかを合いの手にして会話にスパイスを**加えましょう。会話はこんなふうに進めます。

あなた「○○さん、なにかスポーツやってました？」
男性「昔、サッカーをね」
あなた「サッカーやってたんだ？　どこのポジションだったの？」
男性「ボランチっていうポジション」
あなた「**すごーい。**たしか重要なポジションじゃなかったっけ？」
男性「まあね。ゲーム全体を組み立てる役割かな。ポルトガル語で『舵とり』っていう意味があってさ」
あなた「**なるほど～。**だから○○さんってどこでもリーダーっぽいんですね」

男性「ほんと？　うれしいな。運動量が多いから、縁の下の力もちってとこだね」
あなた「もうサッカーやらないんですか？」
男性「もう走れないよ。ジジイになってヨレヨレしてる」
あなた「やだ。ジジイだなんて、○○さん、**おもしろい～**」

ちなみに、この**3つの言葉は、日本語でもっとも短い「称賛」を表す言葉**です。ですから、人に受け入れられたい、認められたいという欲求はこれだけでとても満たされるし、あなたと「つながった」感を会話から感じることができるでしょう。

このように、会話のなかで男の欲求に耳を澄ませていると、男がいかに勝ち負けや序列を好み、力の証明をしたくて生きているのかと気づくでしょう。

とにかく、能書き言いたいんですよ、男って。だって自分からは言いにくいし、自分が負けてると思う人の前ではなかなか言えないのでね。だから、そこを拾ってくれる、広げてくれる女の子に、やっぱりまた会いたくなるんです。

5人同時進行「男友だちをつくるが勝ち」

最後に、これも必ず実践してください。5人の男性と同時進行でつき合うこと。

「ええーっ、ご、5人？」

わたしの講座を受講している生徒さんも、これを聞くと大きく反応します。

おそらく、あなたも驚いているのではありませんか？

もしかすると「絶対無理！」「イヤだ」とすでに決めつけているかもしれません。

でもハッキリ言いましょう。

受講生の方で、5人同時進行をやらずに成果を出した人はほぼいないです。

「意中の男性1人に絞ってやればいいじゃない！」

そうかもしれません。でも、結婚願望がありつつも、現在シングルのあなたはもしかすると男を見る目を養えていない……かもしれません。

その状態で最初から1人に絞り込んでしまうと、「この人に選んでもらわなきゃ！」

というマインドセットができあがります。仏教用語で言うと〝執着〟というやつです。
これだと必ず焦りが出たり、重くなったりします。また、男を見る目がまだない状態だと相手を見誤ります。そしてなにより、先程言ったように先に**練習試合をしないと絶対に公式戦では勝てません！**

最高の恋を実らせるためにも、いまの段階で絞り込むのはまだ早すぎるのです。

ぼくはこれを**「男友だちつくるが勝ち理論」**と呼んでいます。

人間関係って、段階を経て熟していくものです。知らない人から知り合いになり、知人から友人、友人から恋人、恋人から婚約者、婚約者から結婚して生涯の伴侶《はんりょ》となる。知人からすぐに恋愛モードに突入したい女性も多いですが、まずは友だちの段階でじっくり観察してもいいはずです。

5人同時進行と言ってもなにも**5股しろと言ってるわけではありません。**男を5人好きになれっていうわけでもないし、ヤれとも言いません。5人、男友だちをつくればいいだけです。

あなたの男を見る目を養うために、コミュニケーション能力に磨きをかけるため、男性にちょっとだけ協力してもらって必ず練習試合をしてください。

5人の男友だちがいない人のなかには、**身近にいる男性からはじめる**人も多いです。はじめるというのは、これまで紹介したコミュニケーション方法をはじめてみるということです。同僚、上司、仕事のクライアント……。その人はたとえ好みではなくても、練習にもなるし、もしかしたら**その人が紹介してくれる知人に、将来の伴侶がいるかも**しれません。

身近でやりたくないなら、**婚活アプリに登録するのもいい**でしょう。どちらかと言うと、いままで接したことのないタイプ。職種も性格もできるだけバラバラの人と会話したり、食事したりするほうが練習になるのでおススメです。

人間はどこか同じパターンを求めてしまう傾向があるので、友だちの紹介でも、たいして目新しい人が来るわけではないし、知り合いのパーティに行っても、同じような人ばかり来る。まったく違うところに行く勇気をもってほしいなと思います。

ぼくが推奨する出会いの場として、なにかの**ビジネス系の勉強会**に参加するのもいいです。女性より男性が多く参加している可能性が高いので、言い方は悪いですが**競技人口が少ないので金メダルをとれる**確率が高くなります。

また、できれば、参加費がちゃんとかかるところがいいです。お金と時間を使って参加する勉強会は、参加する人たちの意識も質も高いですから。

あなたが興味のある勉強会なら、**勉強にもなり、出会いがあり一石二鳥**です。仮に出会いがなくても、専門的なビジネス勉強会であれば、自分の身にはなるので損はないのです。ただし、詐欺まがいの勉強セミナーもあるので、自分が本当に行きたいと思えるところを吟味《ぎんみ》して参加してくださいね。

身近でも交流会でも勉強会でも、また婚活アプリでも、名刺やメアド、LINEを交換する機会があったら、**5人や10人はすぐ知り合いになれます。**

なんなら、これから1つずつ攻略法を解説していく、「高スペック」「年下」「元カレ」「アプリ」「彼女ありの彼」「身近な彼」を全部友だちにして、同時進行し、コミュニケーション力をアップさせるのもめっちゃおススメです。

そう考えると5人同時進行はそんなに難しくはありません。こうやって同時に連絡する人や会話する人、食事する人が増えると、**1人に寄りかからないので、重くならずに、適度な距離感でつき合えます。**そして、多くの男性を見れば見るほど真にイイ男が誰か、という男性を見る目も養えます。

なぜなら、人は比較対象がないと、良いも悪いもわからないからです。そういう意味でも5人同時進行はよいことばかりです。

補足ですが、女性は、最初から男性を恋愛対象か、そうでないかに分けてしまう傾向があるようです。でも、極端な話、出会った人が**既婚者でもいいんです。その人のうしろには、独身の友だちがいるはず**です。本書に書いてあることを忠実にやれば絶対に相手を魅了できます。

そのなかで**いちばんいい男を選べばいい**だけです。

つねに覚えておいてほしい**マインドセットは、「わたしが選ぶ」**です。

そう、男性に選んでもらうのではなく、あなたが選ぶ側になるのです!

雌が雄を選ぶ、これは自然界のルールです。

人間以外の動物は、雄が雌に選んでもらうためにがんばります。

クジャクの雄は一生懸命に羽を広げ、雌にアピールします。雄ライオンのたてがみも雌にアピールするためですし、踊ってアピールする鳥もいます。カラフルで派手なのは動物の場合、雄が多いんですが、人間は女性が選んでもらうためにメイクして、着飾って……と、逆転現象が起こっているんですね。

ですがぼくは、「雌が選ぶ側になる」、これが本来の形だと思います。

1
時限目

「ムリめな彼」の攻略法

ハイスペック男子

〝ハイスペ男子〟の3つの特徴を押さえておこう

〝ハイスペック男子〟と言われる男性について、女性はどう思っているのでしょう。果敢《かかん》にアピールする人もいるかもしれませんし、さりげなくアピールする人もいるでしょう。

最初からムリ！　と完全に諦める女性もなかにはいますが、それでも心のなかでは、難しいかもしれないけど結ばれるチャンスはあるかも、と思っていたりもします。

その点、男は逆ですね。よほどの自信家以外は、そもそも高嶺《たかね》の女性にはいかず、うまくいきそうな子から声をかけてみようかな、と考えている輩が多いようです。つまり、男のほうがヘタレなんやと思います。

ハイスペックをどう定義するかにもよりますが、基本的には、経済的に豊かであることではないでしょうか。会社のなかでは役職者、また自身で会社経営をしている、あるいは著名人……などに分類されるのかと思います。

僭越《せんえつ》ながらぼくは、公私ともに経営者、リーダー陣の方々、著名人などとめちゃくちゃおつき合いが多いですから、その視点でぼく自身がわかったことをみなさまにお伝えします。

そもそもハイスペックの男が、なぜ仕事をがんばってきたか、そしていまもがんばっているのか？　もちろん理由はたくさんありますが、その1つにはやっぱり女性にモテたいという気もちが必ずあります。

仕事を一生懸命がんばったらステキな女性に出会えるかも、と思っています。ただ、ここには少し矛盾があって、**モテたいとは思っているけれど、自分のスペックを目当てに近づいてきてほしくない。**そんな相反する気もちもあるんです。

1　仕事がいちばん

ハイスペック男子にいくつかある特徴の1つは、**「とにかく仕事がいちばん。そこはわかってね」**です。

とにかく人生の大半が仕事です。会う時間がとれない、デートの約束をしていても仕事が入ったら優先順位が変わってドタキャンするときもある。最悪、デートの最中に仕事に戻らなければならないこともあります。そのときに、「意味わかんない」と怒ってしまったり、**ごねたりしないことはとても大切**です。

とくに出会って最初のほうは気をつけてください。そこでもう「この女性とは縁がない」と考えたりします。あとあとになってつき合いが深まれば、女性を優先するようにもなってきますが、最初からそれを求めるのは危険です。

自分がやるべきことは仕事だという自負が強いので、**それ以外のことはなにもできない男性も多い**のです。ある意味人間としてはポンコツですよね（笑）。

女性は基本的に人間関係をいちばんに考えます。人間関係がうまくいかないと、仕事がうまくいかない人も多いくらい。でも、男はどこまでいっても仕事がいちばん。もっと言ったら、**仕事がうまくいっていないと、人間関係にまで気が回らない**のです。

ですから、自分のことをかまってくれないな、LINEの返事が少なくなった、デートの誘いが減ったなと感じたら、嫌われたんじゃないか？　とか、ほかに好きな人ができたのかも？　と**不安に感じる前に、彼の仕事の状況を見たほうがいい**です。

仕事で新しい任務を任されていないか？　新規事業を立ち上げていないか？　部署異動していないか？　会社を辞めてこれから起業しようと考えていないか？

女性は忙しいときこそ彼に支えてほしい、励ましてほしいと思うのが一般的。いくら忙しくたって5分あれば連絡くらいできるし、寝る時間を30分削ってでも彼に会えれば元気が出る！

でも、男はこれができないんです。

そもそも、連絡すること、話すこと自体が「目的」の女性とは違って、連絡＝目的を伝えるための「手段」と考えるのが男性です。これはもう、男女の絶望的な違いです。男は忙しくてしばらく会えないのだから、連絡する意味すらない……と考えてしまうのは当たり前なのです。

連絡が少ないのが男のスタンダードです。どうか〝連絡がないのは、わたしを必要としていないからだ……〟などと考えて、せっかくうまくいっていた関係を破壊するのは、絶対にやめてください。仕事が落ち着いたら勝手に帰ってきます。

いまはしょうがないと思って、「仕事を優先してね」「いつも応援してるよ」**「どうせうまく仕事をこなしちゃうんでしょ」と彼を信頼**して、軽い称賛のメッセージをしとけば必ず帰ってきます。

2 ― こだわりが強い

もうひとつは、**こだわりが強いのをわかってね**、です。

口には出しませんが、こだわりが強いからハイスペックになれた、ともいえます。

「なんだっていいよ」ではなく、「これだけは」というこだわりがあるのです。

好奇心や探究心がめちゃくちゃ強いのも、ハイスペ男子の特徴。物腰はやわらかくても、頑固な側面があったり、彼にしかわからない自分ルールやマイペースなところがあったりします。

たとえば、卵にかけるのは絶対にソースでしょ！　なんで醤油なの！　とか、元旦には必ず新しい下着をそろえておくこと！　など。

地雷がどこに潜んでいるかわからない……というのも、ハイスペ男子のあるあるです。なので、「変な人」と思わずに、こだわりがあるからこそ仕事での成果が出て、だからこそ、ほかと圧倒的に差がつくのね、というところをわかっておきましょう。そしてそこを理解するからこそ、「俺にはこの女性しかいない！」となるのです。

3――女性に人一倍癒やしを求めている

最後は「女性には、人一倍癒やしを求めているのをわかってね」です。「人一倍」、ここ大事です。戦っている男であればあるほど、その反動で**めちゃくちゃ、バブバブ教**です。

以前の本にも書きましたが**「男はみんな6歳児」**です。ことさらにその傾向が強いのがハイスペ男子です。まぁ激務をこなしていますからね。ハイスペ男子ほど、やはり癒やしを求めます。

それを変に甘えてきて嫌だとか、みんなの前ではピリッとしているのにカッコ悪いなどと思わないことが大切です。**「わたしにしか見せない顔なのね」と大目に見て**あげたほうが、のちのちのあなたに返ってくるメリットはとても大きいです。

そこが理解できれば、「わたしの話を聞いてよー」ではなく、聞いてくれる女性が選ばれるのも納得できませんか？

くつろげる居場所をちゃんとつくれる人、また、いつも2人ではなく、ときには彼が1人でボーッとする時間の大切さを理解できる人が求められるのです。

こんな婚活女子はお断り

では、ハイスペ男子はどんな女性を苦手とするのでしょう。ここでは、NGな言動をお伝えします。

まず、当たり前ですが、**「お金目当て」で近づくのはやめて**ね、です。

これはハイスペ男子全員が感じていることだと言っても過言ではありません。「モテたいから経済的な力をつけたんとちゃうんかい！」と、突っ込みたくなりますが彼らの気もちも察してあげてください。

お金持ちだから近づきたい、仲よくなりたい、つき合いたい、結婚したい……。男性でも女性でも、お金目当てに近づいてくる輩はごまんといます。ですので、彼らはとくに敏感になっていますし、この要素を少しでも感じとったら、彼との距離は一気に離れてしまうでしょう。

下品なたとえで恐縮ですが、もしもあなたがFカップの女性だとして、知り合ったばかりの男性が自己紹介もそこそこに**「キミ、おっぱいデカいね」**と言ったらあなたはどう思いますか？

あなたの興味はそこですか？　わたしを見ないで胸を見ていたんですか？　わたし＝おっぱいですか？　あなたもその他大勢のつまらないオトコといっしょね、と、こんなふうに思うはずです。それと同じです。お金にまつわる話題は、普通の男性よりも一層気をつけてください。

直接お金の話はしなくても、**「お金もってるからいいよね」と感じさせる言動はすべてNG。**値段の高いメニューばかりをオーダーするのもダメです。もちろんハイスペ男子はニコニコしておごってくれますよ。でも、内心は〝そこ、選ぶ？〟と思っているかもしれません。

冗談みたいな話ですが、すし屋デートなら、好きなものを食べてね、と言いながらも、「トロからはいくなよ！」とも思っています。ある意味、無意識に普段の言動を見て女性を選別しているのでしょう。何事も「あからさま」なのは警戒されます。

もちろん、**「ごちそうさま」や感謝の気持ちも必須**です。これがないと、男性はあなたのことを〝おごってもらうことが当たり前の人なんだ〟と思うでしょう。

では、デートに現れた彼がステキな時計をしていました。おそらく、高いブランドの時計です。それを褒めるのに、あなただったらどんな言い方をしますか？

NG会話

「わー。〇〇（ブランド名）の時計ですね！　わたしも欲しい！」

「（ブランド名は出さなくても）素敵な時計ですね。見せて～！」（と時計をさわったりする）

OK会話

「その時計、お似合いですね。カッコいいです！」

「〇〇の時計……わたしもいつかもてるようになりたいです」

超ＯＫ会話

「その時計、お似合いですね、はじめて見ました！」

（そう言って彼が時計自慢やうんちくを語り出したら）

「へー。○○さんやっぱり、なんでも知っててすごいです！」

男がいちばん弱いセリフ「はじめて」が入っている、ブランドものや高級品を知らない純朴さ、高い時計だと聞かされても金銭的なことに触れるより、自分が知らなかったことを知っていることへの彼への称賛。われながら完璧な返しです（笑）。

これを言われると、欲しいと言わなくても、彼がいつかプレゼントするかもしれないですね。

要は、彼も自慢したいわけですから、いいモノを買えることや、彼のこだわりを称賛するのはいいのですが、あなたの経済力が魅力である、あるいは、自分も欲しい、ということが伝わるとダメだということです。なので**超ＯＫの会話を完コピし**

てください。

それでも**うまく伝える自信がない方は、触れないのがいちばん安全**です。

これ以外にも、どんな家に住んでいるか？（賃貸マンションか分譲マンションか？）車はなにを所有しているか？　など、経済的なゆとりがどれだけあるかを詮索しているような会話が見えるのはご法度です。

もちろん彼が勝手に言ってくるぶんには、いくらでも聞いて称賛してあげていいです。ただし、先ほど言ったお金が目当てだよというニュアンスだけは伝えないように要注意です。

ほかにも、つき合って最初のプレゼントでもし、**「なにが欲しい」と言われたら、**お任せするか、それでも聞かれた場合は、ブランド名は言わず、アイテムの名前を言ってください。

財布、キーホルダー、名刺入れ、スマホケースなど。ブランド名を言うと、その時点である程度お金がかかることが確定ですから、**アイテムだけ言って、高いか安いかはあくまで彼の裁量に**任せて、どこのアイテムをもらっても誰よりも大きく喜ぶことです。逆説的ですが、いいものを買ってと言わなければ、次のプレゼントはもっといいものになります。

また、こちらも細かいですが、できればもらうギフトは、家に飾るものではなく、「いつも身近にもっていられるもの。あなたを感じられるようなものがいい」と伝えたうえで指定してください。そして**会うたびに〝今日も使って喜んでいるさま〟を彼に見せて、それが彼の喜びにもなるものが最高**です。

ぶっちゃけ言うと、ハイスペ男子は金額の高い低いをあまり気にしていませんが、女性の経済的観念がしっかりしているか、本当に自分のお金目当てではないか、ということをつねに見ていると思っていて、間違いないです。

イメージとしては、コース料理の値段に**松竹梅があったら、真ん中を**選んでおくと、遠慮がない女性だとも思われないし、男のプライドは傷つかないと覚えておいてください。安いのしか選ばないのも、微妙です。〝いやいや。もうちょっと金もってるから……〟と思われるかもしれないので、中がやはりおススメです。**彼が心底すすめてきたときだけいちばん高いものを**選べばいいでしょう。

ハイスペ男子の気を引くためには？

出会いの場はそれぞれだと思いますが、誰でもきっと自分の印象をできるだけ強く相手に残したい！　と思うもの。「なにを話したらいい？」と考えがちですが、大切なのは「なにを話すか」ではなく、「いかに相手の話を聞けるか」です。

横に座ってガチャガチャと話しかけてくる女性とも一応話はしますが、本当のハイスペックは、〝この子じゃないな〟と内心思っています。中途半端な男性はこういうタイプにすぐに食いつきますけど、本物は意外と見ていますよ。こいつ、目的があって寄ってきてるなとか。

なにより、**自分の話ばかりする女性には癒やされないので、バブバブ教のハイスペ男子としてはしんどい**のです。

座る位置は、２人きりなら別ですが、複数いる場合は、隣も目の前もＮＧです。斜め向かい、もしくは視界の範囲内に入るところに控えめに座ってください。

ハイスペ男子とデートする仲になりたいなら、**絶対横にはおらんほうがいい**と思っています。グイグイくる女性より、奥ゆかしく、ちょっと控えめな女性が好きですから、座る位置も正面ではなく斜め向かい。うなずいたときに、視界に入るぐらいがいいですね。で、その少し離れた場所から話をとにかく聞く人でいてください。

自分をわかってもらおうと自分の話をいっぱいしたり、とくに、「あの人（あの会社）ってこうなんですってね」といったうわさ話をする女性は、絶対に選ばれません。口が軽そうに見えるのも、ハイスペ男子は敬遠します。

それよりも控えめでいることで、ほかの人を勝たせようとしている人になる。かと言って大勢に埋まってしまうのではなく、彼の話をうんうんと笑顔で聞いて、**〝自分の話にいちばん興味をもってくれて、聞いてくれた人〟というポジション**をとりにいくこと！　これが次にいちばんつながりやすいです。一般の女性とは違う勝ち方をすることが大事です。自分を押し出すより、人を押し出すことで、より大きな器、大らかな性格をアピールするという感じです。

これにはハイスペ男子がシンパシーを感じます。真のハイスペ男子は、人を勝たせることや自分より他人を優先してきたことで、自分が上のポジションに行き、結果的に勝ってきています。

そのため、普通の男なら気づかない視点をハイスペ男子はもっており、それを体現している女性を見たときに、「お！　この女性は！」と思うわけです。

ですから、**アピールの仕方は意外かもしれませんが、相づちトークぐらいでOK。**せいぜい質問を1つするくらいでいいのです。

大切なのはその質問の内容です。**「今度またぜひ詳しく聞かせてください」**と、次回につなげられる内容がいいです。とくにその人の能力やスキル、ノウハウよりも、より中身のことに興味関心をもって質問してください。

彼の人生観、信念、志《こころざし》、仕事に対する思いがいったいどこから来ているのか？　などです。普通はハイスペ男子の外側に出ている事柄にばかり興味をもつ人が多いなか、あなただけがその人の中身、いや、より深いところの本質の質問をすることで、ほかの女性と圧倒的に差が出てきます。

これはじつは、ぼくが社長たちと仲よくなるために聞くことでもあるのです。**その人の核心にせまることを聞かれると、男はうれしい**ものです。本当はめちゃくちゃ語りたいんですよね。また、こういうところに興味をもっているという質問をすることによって、お金目当てではないというアピールにもなります。

たとえば、ぼくもそうなんですが、恋愛について語っているとき、一般的な男性は、「どうやったらモテるんすか？　どうやったら女の子と簡単にイケます？」などと聞いてきたりします。正直、こんな聞き方されても答えたいとは思わないです。

でも、「〝モテる〟をどうやって体系化したんですか？」「どうやって構築したんですか？」「モテを通してどんなことを伝えたいのですか？」と言われたら、この人とはしゃべりたい！　と思いますもん。**「あ、そこ見てくれてる？」**みたいな感動すら覚える。

ハイスペ男子たちも、簡単にやっているように見えてめっちゃ考えているので、「そこを知ってほしい」という裏の気もちがあるんやろうなと思います。深いところを見てもらえているのは、苦労した側としてはとてもうれしいものです。

冒頭で、相手の居場所づくりができる人が人に好かれ、居場所をつくるには相手のことを知ること、と言いましたが、なかでも深いところを知ってもらえることは、居場所づくりにとても効果的なのです。

ハイスペ男子とのデートにこぎつけるには？

ハイスペ男子って、ほんまに仕事しかないんです。そのため、相手の仕事に関して質問するのがいちばんです。なかでもぼくは創業史を聞くようにしています。

いまの状態じゃなくて、「創業時はどうやったんですか？」とか、「いちばん苦労された点はなんですか？」「大変なのに、こんなにずっと続けられるのはなんですか？」

企業に勤めている人なら、「いまの会社を選んだ理由はなんですか？」とか、「最初に任された仕事はなんでしたか？」とか。

あるいは、**「仕事でいちばんうれしいのはどういうときですか？」**のような質問でもいいかもしれません。ここに相手の深い思いがあると、感情が動きながら会話ができるので、相手にとっても自分にとっても楽しい会話になります。

そして話を聞いた締めの言葉はシンプルに「とても勉強になりました。わたしもこれから仕事（起業／独立を考える人はそれを）をがんばりたいので、もっと教えてもらっていいですか？」と言うのがいいでしょう。深い話ができるのを感じたハイスペ男子は、あなたとの時間をつくってくれることでしょう。

もっと確実に「次」をつくりたいなら**「〇〇について聞きたいので、今度1時間だけお時間をください」**と伝えて会うのがいいでしょう。ポイントは目的と時間を明確にすること。ハイスペ男子は忙しいので、目的と時間を曖昧にされるとしんどいです。そもそもアポがとりにくい相手ですからね。

「いつでもいいので、1時間だけ相談に乗ってもらっていいですか？」

そう言ってアポをとり、実際に会えたら、0時限目でお伝えした会話の仕方で盛りあがりましょう。会えたなら、2時間になっても3時間になってもいいのです。

出会いの場がビジネス系の集まりじゃなく、合コンのようなカジュアルな集まりだとしたら、釣りの話で盛りあがっている最中に、仕事への志を……は聞きにくいし、空気読んでね、となるので、その場合は無理せず、そのときの話題にうまく合わせるといいです。

釣りだとしたら、その男性が「釣り」という**趣味のなかになにを求めてい**

るのか？　醍醐味はなにか？　いちばん苦労して釣った魚は？　など、ジャンルは違えど同じように深いところを聞けばいいだけです。そして相手がひと通り話し終えたら、

「釣りって、待つ時間も楽しむことが大切なんですね。なんだか人生みたいですね」

などと伝えてみる。

そして最後の締めは、**「楽しそう。今度いっしょにやりたいです」**と言って実際に会うのがいいですね。ここでのポイントは

「やったことないので（または初心者なので）、教えてもらってもいいですか？」

と、**相手を〝先生ポジション〟にして、連絡先を聞く**のがおススメです。男の人生のテーマは力の証明なので、頼られると、ひと肌脱いでいいところを見せたくなる生きものです。会う確率が高くなります。

そしてまたまた細かいですが、**「デート」という単語を使わない**のもポイント。デートって言われると重く感じたり、失敗してはいけないという責任が彼にのしかかります。なのでシンプルに「また話聞かせてください」「また今度詳しく教え

てください」がいいでしょう。

「教えてください」「聞かせてください」のあとは、相手からの反応を待ちます。初対面でいきなり「知りたいです、教えてください！」と強く押しすぎると、〝くれくれ星人〟になってうっとうしく思われます。しかし、しばらくまた話をしたあと「よかったら今度本当に～」ともう一度打診してみる。そうすれば「イヤだ」という男は絶対におらへんと思います。

その際、**「わたしからご連絡してもいいですか？」**と、あなたから連絡してもいいか、確認をとってください。そして、**「よかったらLINE交換してください」**とか、「メール教えてください」と連絡先をゲットしましょう。

連絡先を聞いた相手が名刺を出したら……本当はLINEとかを聞きたくても、最初は流れに身を任せてください。大事なのは連絡先を聞けることですから。

複数いるなかであなたが連絡先を聞いたとしても、相手は「自分が誘っているのではなく、彼女の〝相談〟に乗るだけだ」と言い訳ができます。名刺でもがっかりしないでください。ほかの女の子の前でもありますし、そのほうがスムーズなのです。

さて、**あなたから連絡することの「イエス」さえとっておけば、そ**

の日はあとはもうどうだっていいです。もう帰ってもええぐらいです。だってみんながいる場では、関係はそこまで深まらないですから、その日のゴールはもう達成されています。

ここで補足ですが、もしまわりにいる女性たちが連絡先交換に乗っかってきたら、「じゃあ、みんなで交換しましょう。せっかくならグループＬＩＮＥでもつくりましょうか」と言えばいいです。ほかの女性を拒まず、誰でもＯＫ！　という雰囲気を出してください。余裕ある態度を見せることが大事です。２人で話したければ、時期を見て個別でＬＩＮＥをしたらいいだけですので。

真の〝ハイスペック男子〟とは？

本質的な話ですが、経済的にも精神的にもスペックは高いほうがいいし、リアル生活も充実します。

ただ、現在ハイスペックの人には、だいたいもうパートナーがいることも多いですよね。そのためあまり無理をせず、ハイスペのちょっと手前の男性をかっさらうのもおススメです。

注目するべきは、**〝近い将来ハイスペックになる可能性のある人〟**です。

現在のハイスペより未来のハイスペ男子。ここならライバルが少ない利点もあるし、実際にぼくのまわりのご夫婦でも、経営者の奥さまは、その人がすごくなる前からつき合っていた人が多いです。

あるいは、**〝人生のドン底に落ちたとしても立ち直れる人〟**。これもぼくは真のハイスペックだと思いますが、こういう人の目利《めき》きができるようになりたいものです。

そういう意味では、ハイスペ男子を選ぶ目利きは必要やと思っています。せっかくなのでつき合う前の段階でも見えるポイントがいくつかあるので紹介します。

1つは、**大失敗している経験がある**かどうか。

仕事でうまくいっている人って、うまくいっている側面しか見えないものですが、公には言わんだけで、過去に大失敗した経験がある人が多いです。

もしくは、本人は失敗やという認識はないけれども、事実を見たらめちゃくちゃ失敗していた……という人もいます。もちろん、順調な人もいますが、どちらかというと、失敗したことのある人を選ぶのがぼくのおススメです。

なぜかというと、うまくいくことには偶然もあります。でも、**失敗から立ち直る、これは偶然では無理**なんですよね。ちゃんと振り返り、分析して、もっと言うと自分を見つめ直してしっかり考えないと、立ち直りやV字回復はできません。

趣味でも、仕事でも、人間関係でも、なんでもいいんですけれども、失敗から失敗しない方法を学んでいるから、成功を再現できるのです。

また、失敗すると、そこではじめて**弱い人の立場や困っている人の気もちがわかる**ので、人として優しくなれます。大事なのは、いま成功しているかどうかだけでなく、将来的に見てもハイスペックであり続けられるか？　あるいは、将来的にハイスペックになるか？　というほうが大事なので、この観点で目利きするのは大切です。

もう1つ、**人生の師匠をもっている**というのも、ハイスペ男子の共通項としてあるかなと思います。

歴史上の人物より、仕事での師匠など実在する人がいいです。〝尊敬する人がいる〟くらいでもいいですが、**要は、謙虚さと感謝があるかどうか**です。この2つがあると、まわりから支援、支持されるので、なにがあっても引き上げられます。

尊敬する人がいない人は、いちばん寒いやつと思います。これはぼくの持論かもしれませんが、男は、自分よりすげえなと思う人がいないと成長しないからです。別の角度で言うと、**尊敬する人がいないのは、井の中の蛙**というやつです。

この話をしたときに、ライバルではダメですか？　と聞かれたことがあります。ライバルがいるのも悪くはないです。ただ、「あいつに負けるか！」とか、見返してやろうとか、自分を知らしめてやろうとかいうブラックエンジン的な側面があって、ある程度まではいくけれど、突き抜けないいんですよね。

真のハイスペ男子は、「まわりを豊かにしよう」とか、相手を勝たせようとか、いっしょに幸せになろうというホワイトエンジンで前進する人です。だからこそ師匠とか、尊敬とか、感謝とか、謙虚さのエネルギーが大事なのです。

ぼくも昔は、師匠なんていないほうがかっこいいと思っていた時期がありました。

ただ、うまくいっているときって、どんなに気をつけていても浮かれているし、調子に乗っているのを超えて図に乗っていますから、自分が見えていません。

まわりもイエスマンが多いので、裸の王様状態で人生が落ちていきます。しかしそんなときに師匠がいると、指摘してくれて気づかせてくれて、落ちないようにしてくれる。一時ではなく、ずっとハイスペでいるのが真のハイスペだとすると、これもすごく大事な観点です。

人の意見を聞き入れられない人は、本当のハイスペではありません。つねに謙虚に、「俺、大丈夫かな？」と振り返れる人。なにか意見を言われたときに、「なるほど、そうなんだ」と言える素直さがある人。これが、本当のハイスペ男子やと思っています。

とはいえ、負けず嫌いな精神は絶対に大事です。この資本主義経済の世の中で、〝負けてもいいや〟というやつが伸びるわけがないですよね。言うか言わんか別にして、内には秘めていると思います。

ハイスペックは、間違いなく、素直な負けず嫌いなので、師匠という「つねに負けている」存在がいるから、走り続けていられるわけです。自分がトップになった瞬間、やっぱり燃え尽き症候群になる男性も多いですから。

総じて言えるのは、ハイスペ男子といっても、いまを見るなということ。

誰でも〝いまの状態〟に注目してしまいますが、**伸び率を見なあかん**わけです。

将来性を見る。失敗しても、立ち直れるところを見る。

そうでないと、資産価値はあがっていかないということです。

2回目に会うのがイヤになる10の地雷

恋愛や結婚がうまくいかない人は、初対面から2回目に会う、2回目から3回目、この3回目までの流れをうまくできない人がとても多いなと感じています。

せっかくがんばっているのに、地雷を踏んでしまって大幅に減点されている。

一度会ったあと、連絡が途絶える。ごめん、やっぱり会うのはやめようと言われる、メッセージを送っても既読スルー。「次につながったことがない……」と嘆く人はけっこういます。そこで朗報です。**男に「2回目はないな……」と感じさせてしまう地雷**を公開しましょう。

1　自分の話ばかりで男性の話を聞かない

相手の話を聞かなければ、会話は成立しません。自分に注目をしてもらいたいだけの会話はそろそろ卒業しましょう。また、サービス精神で自分が話さなければと思っている人もいますが、**本当のサービス精神は相手に気もちよく話してもらうこと**です。

ちなみに、自分の話をしても唯一OKなのは、向上心に関すること。「最近習いごとしているんです」「最近、整理整頓にハマってます」などなど。ただし、相手がその話題にあまり食いついてこなければ、その話題を広げるのはよしましょう。

2　「でも、だって、どうせ」という、否定的な言葉が口癖

マイナス発言ばかりのネガティブなタイプです。ハイスペ男子は癒やされたいの

に、これでは逆の効果を与えますから敬遠されます。また、こういうタイプは、男性が仕事が本当に忙しくなって、意図せずメッセージが既読スルーになっていたりすると、「わたし見捨てられた」とさらに負のループに陥ってしまいがちです。

「でも、だって、どうせ」が口癖の女性は、そんな将来の負のループが垣間見えるので、男はもっとも敬遠してしまいます。「わたしなんて……」を、〝謙虚〟と誤解する人は多いですが、男性目線で言わせてもらうと、「わたしなんて……」のように**自分の価値が低いと言っている女性を、なぜ俺が選ばないといけないんですか？**と思ってしまいます。

驕《おご》り高ぶる必要はありませんが、ネガティブな印象だけは与えないでください。本当に選ばれなくなりますし、なんなら嫌がられます。謙虚さは大事ですが、中身はちゃんと自信をもっておかないと、相手にも失礼です。

これはたとえると、相手への手土産を渡す際に、「つまらないものですが……」と言って渡したものが単3の乾電池2個。**「ほんまにつまらんやんけ！」**ということです。なのでつまらないものですと謙虚に言ったら、最高のものを渡さなあかんのですよね。

また、その延長線上の話ですが、男性にもし、**「きれいだね」「かわいいね」**とか言われたら、「いや、そんなことないです」と否定するのではなく、**「うれしいです」「ありがとうございます」と相手の言ったことを承認**しましょう。これも自分が卑屈なら絶対に言えないことですからね。

本当に傲慢……というのはダメですが、少しくらい傲慢なマインドをもつほうが、もしかしたらネガティブな印象を与えず、恋愛も婚活もうまくいくかもしれませんね。念のため言っておくと、間違っても不幸や不運を語ることはやめてくださいね。その目的は弱々しい姿を見せて「自分に注目してほしい」という、くれぐれ星人にほかなりません。男は、この手のかまってちゃんは大の苦手です。

3 ―― 快（うれしい、楽しい）という感情表現および表情が乏しい

感情表現や表情が乏しい女性は、いっしょにいても**「俺といて楽しいのかな？」**と不安に思わせてしまいます。そうすると、彼から次のお誘いが来なくなります。

もしも嫌いな男の自信を失くさせたいなら有効ですが、あなたのタイプ、好きな男

性には絶対にやらないでくださいね。緊張していても、なにを話していいかわからなくても、とにかく感情豊かに、明るくいましょう！

また、そもそも声が小さい人もいるかもしれません。もし、何度か聞き返されるならば、がんばって相手に聞こえるようなトーンで話をするのが礼儀です。

何度か聞きなおして、それでも聞こえなければ、男は聞くこと自体を諦めてしまうでしょう。

自己主張をあまりにもしないというのも、じつは地雷です。

なにが食べたい？　と聞いても「なんでもいい」。行きたいところは？　と聞くと「どこでもいい」。気を遣っていたり、緊張していれば、そうなるのもわからなくもないけれど、男にとってはどう喜ばせたらいいのかわからないですし、すべての選択を担わないといけないので、しんどくなったり困ってしまいます。

4　第三者の評論が話題の中心

関心を寄せるべきは、目の前の相手なのに、話す内容は、「この前観た映画がこうでした」「この間行ったところはこうでした」「〇〇さんのあの服どう思います？」

言わないだけで、男はそんなのはどうだっていいと思っています。男は「目の前にいる俺や、あなたの話をしようよ」と思っています。そしてできれば**第三者ではなく俺を称賛してよ、と思っています。**

それに準じて**周囲の人や環境への不平不満、愚痴も絶対にやめましょう。**あなたがガス抜きのつもりで言っていたとしても、男からするといっしょにいても楽しくない、これに尽きるので、なにも言わずそーっと離れていきます。

5 ―― 食事の際に、緊張するという理由で小食。あるいは好き嫌い過多

緊張しているから食べられないのもわかるけれど、いっしょにいても正直、まるで楽しくないです。男性は食べてほしいんですよね、やっぱり。とくにおごっているのが彼の場合は、**食べていること＝楽しんでくれていること**という表現にもなる。好き嫌い過多の女性も、ずっと長くいっしょにいられるとは思わないですよね。

6 ―― 「それ知ってる！」と、いまから話そうとする話題の腰を折る

相手を勝たせないといけないのに、「知ってる！」と言うのは、「自分のほうが上！」

と言っているようなものです。これはもう絶対にNGですね。男性の話す意欲自体を奪います。

7　男性の仕事、趣味、嗜好に興味を示さない

話を聞いているふうでも、興味をもっていないことは相手にも伝わります。

興味を示すためには、男性に質問したり、「すなおの法則」や「オウム返し」などで会話のラリーをして、意思表示をすることが大切です。

8　問題意識は高いが、具体的な解決策は示さない、受け入れない

相談してきたり、問題提起をしてくる割に、男がアドバイスをしても、「違うの」とか「でもね」「うーん」と受け入れてくれないタイプは、**「それなら俺に聞かずに自分でやれよ」**と思ってしまいます。

男にとって、解決策がないというのはすごくイライラすることなので、しんどいなと感じてしまうのです。

9　一問一答ではないLINEの連投

LINEなどのメッセージでは、一問一答（ひとつ質問したら、答えを待つ）が基本だと思ってください。1回のメッセージに質問が3つ、4つあったり、答えていないうちにまた次の質問があると、それだけでしんどくなってしまいます。

NG例

「昨日友だちとランチ会行ったんだけど、この前〇〇君と行ったところのほうがよかったなって思って、あのお店の店名なんだっけ？　こういうの困らないようにちゃんとメモしてたほうがいいよね？　あと、いつも忙しそうだけどちゃんと寝てるかな？　もう少し落ち着いたら映画でも見に行けるといいね。そう言えばいま放映されてる例の新作、思ったよりおもしろくないってみんな言ってたけど知ってた？」

これではなにを返信したらいいかわからないし、こういうやりとりが続くと思うと嫌になりますよね。加えて、メッセージは相手と同じぐらいの回数、同じぐらいの量にしておかないと、うざく思われてしまうでしょう。

10　理由のない実家暮らし

理由があるのはもちろんいいです。家族の面倒を見ているとか。本当に経済的に困《こん》窮《きゅう》しているとか。でも、もしそうでなければ、**自立していない人と認定されてしまう**のです（実際には自立していたとしても）。

言い方はキツいですが、実家暮らしが許されるのは、新入社員くらいまで。社会人になってしばらくしたら、もう自立しておかないとあかんのでしょうね。

精神的にも、経済的にも自立していないのは、男にとってはしんどく感じるものです。**依存されるんじゃないか**とかね。本能的に重く感じてしまいます。

また、実際に実家暮らしをしていると、そうしたくなくてもどうしても甘えが出てしまう可能性もあるので要注意です。すぐに自立するのが無理な場合は、もうこの際**実家暮らしは隠すか、近々1人暮らしする予定とか言っておく**といいでしょう。

一点豪華主義でいきましょう

男性と違って、女性はさまざまな要素に着目できるし、細かく見てますよね。食事を楽しんでいる最中に、「彼のこの服装、好みだな」とか、「好みじゃないな」とか、「店員の人にも親切だな」「親切じゃないな」とか、「メニューをいっしょに考えてくれるんだ」「1人だけ先に決めて頼んじゃうんだ」「マナー悪いなぁ、くちゃくちゃ音立てて食べるんだ」とか、「貧乏ゆすりしてない？」「鼻毛出てるし……」など、多面的に見られますよね？

男性はもっと一面的というか、女性ほど多面的かつ同時にものごとをとらえる能力がありません。

妻を選んだ理由を既婚男性にヒアリングしたところ、「料理がほんまにうまい」とか、「とにかく性格がいい」「俺の話を聞いてくれる」「スタイルがいい」など、**ほとんどの人が1項目くらいしか挙げませんでした……。**本当はもっとたくさんの魅力や理由があるのでしょうけど、それぐらい見えていない。

ですから、女性のみなさま、安心してください。

話上手でいなきゃとか、つねにセクシーでいなきゃ、髪型も整えて、ネイルにも行って、ダイエットも料理もがんばって……などと、力む必要はありません。

男は1つの要素しか見ていないので、一点豪華主義でいきましょう。あなたがいちばん強みとするところだけを見せておけばいい。自然体、もっと言うと、天然ぐらいのほうがハイスペ男子も気が抜けます。

知ったかぶりをしないで、知らないことは「知らない」「わからない」と言える人。

気どらず、めちゃくちゃ食う……とかね。「普通の女の子は小食に見せるのに、この子、めっちゃ食うな」みたいなのでもいいと思います。それが、男性にとってて力の抜ける居場所になり得るのです。

余談ですが、人間には〝好きなタイプ〟はあるでしょうけど、恋愛と違ってわたしたちが目指しているのは結婚です。

結婚に絞ったら、この人とやったらいっしょにおりたいと思わせることが大事。鎧《よろい》を脱いで、リラックスして、がんばる時間よりも**気を抜ける時間が長い人**

とずっといっしょに居たいものです。

なので、彼がハイスペックであろうとなかろうと、男性の人柄や人間性を認めてくれる女性で、かつ、素朴で、正直で、無邪気な自然体な女性が選ばれるのです。

話を戻しますが、一点豪華主義が大事なので、わたしなんて……などと卑屈にならずに、料理がうまかったら料理で勝負。脚がきれいだったら、ミニスカートで勝負。誰より気遣いできる人ならそこを前面に出し、品があるなら上品さをこれでもかというくらい見せる。それが女性がとるべき戦略です。

最終的に総合点をあげるのはいいことですが、最初のうちはとにかく、自分の自慢ポイント、強みを前面に出してください。これは相手がハイスペックでも、ハイスペックじゃなくてもいっしょです。

デートは神社に行くべし

もう1つ、ハイスペの心をつかむ意外なポイントをお伝えしましょう。

『日刊スゴい人！』というWEBメディアがあります。ネーミングの通り、ジャンル問わず〝スゴい人〟たちを紹介するメルマガで、10年で2000人以上の人が取材されています。ありがたいことにぼくも過去に2回、取材していただきました。そのときの編集長に聞いたことがあります。

「これだけ何千人もスゴい人を特集してきて、その共通点はなんですか？」と。そうしたら即答でかえってきたのが、「スゴい人の会社には必ず神棚がある」でした。

スゴい人本人は、「いや、こんなの信じてるわけじゃないけどね」と言うけれど、祀《まつ》ってある神棚はめちゃくちゃデカイし、毎日欠かさず手を合わせている。こうなると、めっちゃ信じとるやんけ、という話でした（笑）。

じつは、ぼくが先日食事をした某社の会長にも、「なんでここまでの上場企業に成長したんですか？」と聞いたら、「やっぱり運やな」と。「運を引き寄せる方法がもし1つあるとしたら、それはなんですか？」と重ねて聞いたら、「信心」とのこと。

その方は3代目なので、「俺なんかボンボンや」と言うのですが、でも、「ボンボン」として、子どものころから社長になるべく教育をされてきたと言います。謙虚であること、信心深いこと、つまり目に見えないものをちゃんと信じているんですね。

なにが言いたいかというと、そういった価値観がいっしょの女性はやはり選ばれやすいだろうなと思います。以前から、「デートは神社に行け」と言っているぼくですが、改めて実感しました。

ですので、「どこに行きたい？」と聞かれたら「どこどこの三ツ星レストランに行きたい！」ではなく、**騙されたと思って「〇〇神社に行きたい」と答えてみてください。**デート相手が真のハイスペ男子なら心の中でとても評価が上がっています。

また、信心深いのは大事なポイントですが、男っていうのはなんなんでしょうね。女性が拝んでいる姿を見たいのでしょうか。**拝む姿を見ているとなんか「いい子やなぁ〜」と思ってしまう**んですね。普通はつき合いが長くなってからとか、結婚してから行くことの多くなる神社ですが、逆です。神社に行くから関係性が深くなるのです。

また、拝む姿を見せるだけでも十分ですが、プラスアルファ、もし彼になにを拝んでいたか聞かれたときに**「〇〇さんがずっと健康でいられますように」と拝んでたと答えてみてください**（もちろん本当にそれを祈ってください）。

事業の拡大じゃないですよ。その彼が健康でいられますようにということがポイント。そんなこと祈ってくれる女性は決して多くはないはずです。

いきなり相手の健康を祈るのは時期尚早？　と思うなら、お目当ての神社を調べておいて、「弟の合格祈願にこの神社に行きたい」「両親がいま、体調が悪いので……」などと言って、それを祈るのもいいです。「世界から戦争がなくなりますように」というのもいいでしょう。

これは、詳細は割愛しますが、**人を応援する者がもっとも応援されるというモテモテ理論**に基づいているのです。

そもそも論ではありますが、自分のことばかり考えている人は成功できません。仕事を通して人を喜ばせたい、企業を喜ばせたい、日本を喜ばせたい、地球を喜ばせたい。そう思って本当に人を喜ばせた質と量が収入になると思っています。

ですので、拝んでいる姿を見たいというのもあるかもしれませんが、やっぱりハイスペックであるほど、人のことを応援する人に親和性を感じ、好きになってもらえる確率が高くなるのです。

財布には、きれいな千円札を3枚入れておけ

元銀行員で、いまはM&Aの会社を経営している同級生の話をしましょう。
性格もいいし、もともと信頼がすべてみたいな堅い仕事についているので誠実やし、もちろんハイスペック。その彼が結婚しました。「なんで結婚したん？」と聞いたところ、答えはとってもシンプル。彼はこう言ったんです。

「はじめて自分からお金を出してくれる女性に出会ったんだ」って。

冒頭でもお話ししたように、ハイスペ男子もモテたいと思っています。でも、自分のスペックを目当てに近寄ってほしくないという、相反する気もちがめちゃくちゃあるのも事実。

だからこそ、「割り勘にしてくれた」「会計のときに自分の財布からお金を出してくれた」ということに感動して、彼は結婚を決めました。ほんまに彼はこれまで財布を出す女性と出会ったことがなかったんやとある意味驚きましたし、モテればモテるほ

どいろんな女性に出会うはずなのに、そのなかで割り勘というのが引っかかったのがほんまにすごいなと思った出来事でした。

では、現場では実際にどう振る舞うのがいいでしょう？

絶対に割り勘にせえ！と言っているわけではありません。あなたにごちそうしたいという男性の気もちが感じられるなら、1回目はおごってもらってもいいでしょう。

でも、必ず、これはもう当たり前ですが、財布は出さなければいけません。

「いや、いいよ」と言われても、たとえば**「じゃあ、2軒目のお店は出させてね」**とか、なんなら次回のデートもあるという期待を込めて「次にお会いしたときは絶対に出させてくださいね」と言うだけでもいいです。

より上級を狙うなら、その場で、**「じゃあ……千円だけ出させてください」**というのもいいですね。ハイスペックの男性からしたら、その千円はもらってももらわなくてもいいのだけれど、口先だけでなく「ほんとに出す人だ」という、その心意気は買ってもらえるはずです。

男もバカではないので、財布を出す〝フリ〟くらいはしよるんやろうなとは思っています。でも、**現実問題、財布から千円札を本当に出す子はあんまり**

いないです。

なかには、バッグから出したと思ったら、チラっと見せてそのままましまう女性もいます。〝とりあえず出す〟はもうバレているので、このリベンジ編ではやっぱりちゃんとお札を出して、相手に渡してほしいなと思います。ちなみにいくら出すかは、そのお店のグレード、食事なのかカフェなのかにもよるので、千円というのが標準ではありません。店によっては上限五千円くらいまでケースバイケースという感じです。

POINT

実際に千円札を出すとき、そのお札がクッシャクシャではカッコ悪いです。新札でなくてもいいので、きれいな千円札を財布に入れておきましょう。割り勘じゃないので、「1万円でお釣りある?」とはさすがに言えないですよね?

ちなみに、財布の中身は1万円以内が、それこそ質素や素朴さが伝わってよいです。千円札3枚、五千円札1枚。いまは現金をあまりみんなもたないので、現金が少なくても違和感はありませんから。間違っても大量のお札は、あったとしても入れないように。万が一、彼に見られたら目も当てられません。

ハイスペ男子との結婚は、彼が落ちている時期が狙い目

ハイスペ男子を見抜くところで、大失敗を経験した男性を選ぼう、という話をしましたが、大失敗までいかなくても、**男性が凹んでいるときはチャンス**です。

もしもあなたがいいなと思っている男性で、いま絶不調を味わっているとしましょう。絶好調のときは、誰でも寄ってきます。でも、不調であればあるほど、とっとと距離をとる人がいます。

そのときに「仕事の失敗なんて関係ない。わたしのなかのあなたは変わらない」。そうハッキリ口に出して言ってくれるだけでも、男性の気もちは本当に変わります。彼はとても勇気づけられるでしょうし、それこそ、本当にお金やスペックで好きになってもらったわけではないというのを実感するでしょう。

かくいうぼく自身も、人生のどん底のときに結婚しました。結婚した相手は、ぼく

の絶頂のときも知っているけれど、どん底になっても、態度や視点がひとつも変わらなかったのです。

「仕事がいまうまくいってなくて……」「失敗した……」と言っても、「あなたのことだからきっとまたうまくいくでしょ。大丈夫だよ」と信じきってくれていました。もっと言うと、「うまくいくと思うけど、うまくいかなくても別にいいし。どっちでもいい」とのこと。実際に長年、しんどい生活は続きましたが、なにも変わりませんでした。

要は、仕事だけ、経済的な豊かさだけで見てないよということが、ちゃんと伝わると、その時点で男の見方は完全に変化し、心からの感謝も出るのですね。

変わらない姿を見せるには、つき合った時間は関係ありません。その人をどのくらい前から知っているかでもない。あなたが好きなのは、**あなたがハイスペックだからではないよということが相手に伝わればいい**んです。最後に作者不明の極論ですがぼくが思う名言があります。

「この人と幸せになれたらうれしいけれど、この人といっしょなら不幸でもかまわないという人と結婚しなさい」

時代はハイスペック男子より
ハイブリッド男子！

さて、ハイスペ攻略編の最後にこんな男子を紹介しましょう。**ハイブリッド男子**（命名・井上敬一）、ハイブリッド車＝ガソリンと電気の動力どちらももっているというところから、**肉食と草食の両方をもっている男子**、あるいは、**男性脳と女性脳の両方をもっている男子**と考えてもいいかもしれません。

ハイスペック男子はいいところもたくさんありますが、合理性や生産性重視の人が多く、いわゆる男性脳丸出し！　逆をいえば、そうでないと厳しい競争社会を生き残ってこられなかったのかもしれません。すなわち、一般的な女性のもつ価値観、「共感」「協力」「同調」とは正反対の男性がハイスペックになっていることが多いのです。

そうやって女性のことを学ぶ機会があまりなかったこういうタイプは〝うっとうしい〟場合も多い。女性にも同様の知性を求めたり、結論重視の会話が日常。つまり、結果だけでなくプロセスを楽しむ女性の会話は、「なにが言いたいのかわからない」「結論を先に言って」「要するになに？」などと否定されることが多いのです。

長い結婚生活でもっとも大切なのは、コミュニケーションです。刺激的なイベントや誕生日よりも、なにもしていない日常のたわいない会話、これこそが毎日の幸福感につながります。そう考えると、ハイスペ男子は結婚の条件としてはいいかもしれないけど、必ずしも楽しい日常生活を保証してくれるわけではないのです。

その点、女性脳をあわせもつハイブリッド男子は、肉食系男子のようにガツガツせず、なにより会話に共感してくれるので、女子会に参加しているような心地よさが得られます。かつ、なにか決めごとが発生したときは、男性脳で理論的に決めてくれる。

具体的に言うと、レストランを予約する場合、

草食系男子→　すべてお任せ
肉食系男子→　自分の食べたいものを勝手に選ぶ

ハイブリッド男子は、相手の食べたいものを考えたりしながら予約ができるので最高です。時代の流れを踏まえて言うと、

①俺についてこい！　という肉食系が選ばれた昭和の時代

②「わたしの言うことも聞いてほしい」というニーズから草食系男子が選ばれた平成の時代

③それだけだとなんかやっぱりもの足りないから、その両方を兼ね備えた雑食系男子が選ばれる令和の時代

昔は肉食系、男性脳バリバリでないと、稼げない時代でもありました。ほかを蹴落としてでも自分が成りあがるぞ！ みたいな。でもいまや時代が変わり「SDGs」的な環境にも人にも優しい、みんなでよくなろうという女性脳のほうが、人をマネジメントできて、リーダーとしても求められる時代なので、稼ぎもついてきます。

ぼくは昔から、男女両方の脳をもつ中性的な男子がもっともモテると言い続けてきましたが、ついに「ハイブリッド男子」としてみなさまに紹介できるときがやってきました。

デメリットがあるとしたら、このタイプは当然ですが、モテるんですよね。競争率が高いのです。そして、つき合ったあともモテますから、女性は嫉妬するかもしれません。でも、パートナーとしては最高ですから超おススメです。

ではどうやって見極めるの？ ということですが、簡易的ですが見極めるポイントは、**あなたの話に「そうだよね」と余計なことは言わずに同意してくれる男性**がいいでしょう。たとえば、「この女優さん、演技うまくない？」と言ったときに、「そうだね。うまいよね」と答えてくれる人です。

「いや、俺はちょっと違うと思うな」と否定してきたり、「んー、でも役柄によってはちょっと入ってこないよね」と評論が入ったり、「この人は〇〇の出身でさ」とか「数年前はさ」などと聞いてもいないことを説明する、訂正する、整理する、アドバイスするみたいな人はきほん男性脳です。とくにまだ出会ったばかりでこの様子だと、あとあとの日常会話はおもしろくないものになる可能性が高いです。

「そうだよね」と、まずはあなたに共感してくれるかどうか。あなたの感情を受けとってくれて、その感情をリピートしてくれるかどうか。ここを見てくださいね。

ご飯をいっしょに食べてあなたが「おいしい！」と言えば「おいしいよね」と共感してくれ、テレビを見ていてあなたが「この人おもしろい」と言えば「おもしろいね～」と言ってくれて、会社で悲しいことがあったら、余計なアドバイスやあなたにも非があるという説教より、「それは悲しいよね」と言ってくれる男性です。数はまだまだ少ないかもしれませんが、絶対に楽しいパートナーになると思います。

ちなみに……ぼくは後天的に〝女性脳〟を身につけました。もともとはスーパー男性脳でしたから。「それはな」と訂正したり、忠告したりしまくりでした。でもホストクラブで働いていましたから、自分をサンプルに研究したわけです。**男性脳だけだと、女性にウケが悪い。**でも、女性脳だけでは競争心がなくて売上があがらないからマインドは男性脳。すなわち、接客は共感重視でこなし、売上は競争重視でこなしてました。

残念なのは、男性はきほん悪気もなく男性脳なので、女性脳にならないといけない特殊な環境でないと一生気づかないでいるということ。しかし、裏を返すと知らないだけです。ぼくのように後天的に身につけられるし、できるようにもなります。

あなたのことを好きにさせてしまって、そのあとに教えてあげればいいのです。「共感してくれるとうれしいな」「助言もいいけど、ただわかってくれるだけで助かるな」このように彼に伝えることが、あなたにとって大事です。そうすると、あなたはとても幸せになれます。ちゃんと伝えれば、あなたのことを好きな彼はきっとそうしてくれるし、そうやってハイブリッド脳になっていけるのです。

〝ハイブリッド男子〟をつかまえる

ハイブリッド男子をつくるのが面倒だという方は、運よく該当者を見つけたらつかまえるのがやはりいちばん早いですよね。その際はハイブリッド男子とはいえ、心をつかむ方法は、きほんいっしょだと考えてください。女性脳をもっているとはいっても、男性脳ももち合わせているところを忘れてはいけません。

やっぱり、「あなたがいちばんです」という称賛を忘れないこと。

尊敬し、感謝し、彼をナンバーワンでいさせてあげてください。

人に好きになってもらう、というのは、何度も言うようにその人の居場所をつくってあげることと同じです。女性は〝自分をわかってくれる人〟のところに居場所を求めますよね？　**男性は〝自分をナンバーワンとして扱ってくれるところ〟に居場所を求めます。**何度も言いますが、男性は称賛、女性は共感です。

ハイブリッド男子、これからの注目株です！

2
時限目

「年下の彼」の攻略法

年下男子

年齢差はハンデではない！

「男性は若い女性が好き。なので、年上であることはハンデである」。

こんなふうに思っている女性は多いです。たしかに日本の男は若い女性が好きな人が多いのは事実なので、年下女性が有利な面もあるでしょう。

しかし、逆に言うと年上だから有利な面もたくさんあるのです。ですから、年上を**ハンデと思うのではなく、年上女性の魅力を積極的にアピールする、**と考えてください。

かくいうぼくも本当に星の数ほど女性を見てきたし、深くおつき合いもしてきました。そんななかで生涯の伴侶として選んだのは、年上の妻でした。自分以外にも、年上女房をもつ男性を知っています。

もうこの年齢だからと、最初から諦めムードやネガティブな感情に支配されるのは、自らの可能性を潰しているのと同じなので、本当にもったいないのです。年上という事実は変えられませんが、視点を変えることはできます。自分の強みをしっかり活かして自信をもって恋愛や婚活に臨みましょう！

たとえば、男性は負けず嫌いですが、年上のしかも女性の立場からいろいろなことを教えてもらえると、聞きやすいということがあります。

同性の先輩でもなく、年下の女性でもなく、気安くしても怒られない、ちょっと生意気なことを言ってもどこか対等に扱ってくれる**年上女性は、男性にとってはとても安心感があり、とても素直に自分を出せる存在**だと思います。

年上女性の魅力、その1つが「知識」です。

彼が知らないことをさらっと、しかも押しつけがましくなく教えてあげてください。決して「押しつけ」はダメです。相手の男としてのプライドを大事にしつつ、「自分よりいろいろなことを知っていることはべつに気にならないよ。むしろありがとう」と言ってもらえるように。

具体的な例を挙げましょう。

「結婚式の祝儀《しゅうぎ》ってどれくらい包んだらいいの？」と聞かれたときに、「わからない。

ググってみたら？」と言うのではなく、「関係性によるけれど、友人、部下、３親等以内なら○○くらい。友だちだったら○○ぐらい。お世話になっている人なら○○ぐらいかな……」と、パッと言えたら、やっぱり年上で経験豊富な女性はいいなと、プラスに働きます。

ポイントは、彼が聞いてきたときだけ答えてあげる、困っていることだけ伝えること。彼のプライドを折らず、押しつけがましくなくということです。

いちばんあかんのは、彼が困ってもいないのに、先に「こうしたほうがいいよ。ああしたら？」などと言うこと。

男は〝自主独立の生きもの〟なので、基本的に自分で成し遂げたいのです。先回りして言われると、プライドが傷つくどころか怒りすら湧いてくることもあります。

男は永遠の６歳児と言いましたが、男の子がなにか自分で組み立てているときに、手伝おうとしたり助言したりすると「自分でやるから！」とうっとうしそうにする。これは大人になっても変わらないのです。心優しい女性や母性が強い女性ほど、彼がなにも言わないのに助言したり、相手の行動を訂正しますが、きほんは**聞いてくるまでは放っておくのがベター**です。

ほかにも、男性が得意そうにしゃべっているとき、それよりも最新の知識をひけらかすこと。または「それ、違うよ」とあからさまに否定すること。もちろん、間違ったままの知識よりもアップデートしてあげたいと思うのは当然です。が、**とくに第三者や肉親がまわりにいる場合、その場で否定するのは超NG**です。

何度も言いますが、彼から聞いてきたときだけ答える。どうしても彼のために教えたければ少し時間をおいて「さっきの話だけど、いまはまた新しい情報があるみたい。よければ伝えたほうがいいかな？」というように、相手に選択権をゆだねるのがポイントです。ああ、知識のある女性が近くにいてくれてよかったな。なんも知らん子はイヤだな……と思ってもらうのが理想です。

年上女性の次の魅力、それは「寛容さ」です。若くて、自信や余裕のない女性とは違うというところをアピールしましょう。

たとえば、彼がデートでの店選びで失敗した、道を間違えて彼が不機嫌になった、買いもの中にほかの女性をすごく気にして見ている……そんなときにいっしょになって不機嫌になったり、ぶちギレられるよりは、寛容さをもって接してくれた、優しく気もちを伝えてくれたという体験をさせてあげること。

「ま、仕方ないよね」「男の人ってそういうところもあるよね」などと言いながら、「でも、同じことが起きたとき、今度はこうしてくれるとうれしいな」なんて言ってくれたら、寛容な女性でよかったなぁと感じると思います。

これは、年下のカレが勝手をやっても我慢しましょう、というわけではないんです。男としても、**〝自分の成長を見守ってくれている感〟があるとうれしい**ということなんです。男性も、悪いなとは思っていても素直に認められないところがあるので、そこをわかって育成してくれる。そして、**自分を育ててくれた女性に感謝し、今度はその女性を男が守るという形が理想**です。

いちばんあかんのは、先ほど言った〝若くて、自信や余裕のない女性〟と同じ振舞いをしてしまうこと。スマホを見るたびに、「誰と連絡とってるの?」とか「わたしといるのに、スマホばっかり見ないでくれる?」とか、遅刻した彼に「わたしの時間をなんだと思ってるの?　キー!!」みたいなね。

年上でこんな感じの女性やったら、逆ギャップになって、年上なのにヤバ!　とデメリットにしかなりません。年上で口うるさい女性には、つい自分の母親の悪いイメージを重ねてしまうので、女性として見られなくなることもあります。

なので、年齢差に引け目を感じたり、自信がなかったりして、若い子のような反応をしてしまう。あるいは、自分の性格上、急にはこんな大人の対応はできないという方は年下男子はやめたほうがいいです。厳密には性格は変えなくても、振る舞いを変える。この切り離しができれば年下はそれほど難しくはないです。寛容さというのは漠然としてはいますが、振る舞いとして彼に伝えることがすごく大事なんですね。

「品格・品性」は年上女性の最強の武器

年上女性の魅力、3つ目は「品格・品性」です。こればかりは、経験から得られるものも大きいので、絶対にアピールしてください。

たとえば、店員さんやタクシーの運転手さんへの丁寧な態度、レストランで食べ終わったお皿を、店員さんが下げやすいようにさりげなく横に置いたり、お泊まりしたときに軽くベッドメイクして出るなどは、品性を感じさせる相手への心遣いです。

それ以外にも、落ちているごみをさらっと拾う。彼の家でもシンクまわりなどを使ったあとはさっと拭いておくのもいいでしょう。あくまでやりすぎない程度に、あざとく見えないように、そして**普段からやっているんだろうなというさりげなさ**が大事です。

またこれは、年下男性だけではなく、ハイスペ男子（ハイブリッド男子も）にも大きなアピール点ですが、**きちんとしたテーブルマナー**も重要です。

箸をきちんともたれへん若い子は、最近とても多いです。そういう子には、ボロが出ないようにフォークやスプーンで食べてねとアドバイスすることもありますが、箸がきちんと使えないのは、女性としてめちゃくちゃマイナスです。理由は人によって違うんでしょうが、いろんな男性にヒアリングしても、なんかイヤ、品がない、箸がちゃんともてない女性は冷める、とまで言う人もいます。

ほかにも、大皿を複数の人数で一度につつく。小皿にとりわけずに大皿から直接食べる。大皿をもち上げる。ひじをついて食べる。テーブルの下で足を組む……。

親や先生がきちんと教えないこともいけないのでしょうが、それを言っていてもしょうがないので、該当する方は自分のためにいまからでもどうか直しておいてください。ご自身で学んでおいてください。

ちゃんとしている男性は見ていますし、もっと深いことを言うと、そういう女性と結婚してもし子どもを授かったら、自分の子どもを育ててほしくないな、大丈夫かなと思うはずです。**とくにハイスペ男子は遺伝子レベルで、そのあたりを気にしています。**くれぐれも気をつけてください。

また、年下男性の彼がテーブルマナーを知らなかったとしても、あなたといることで知ることができたと思えば、あなたの格もあがります。**あなたといることを、彼が誇らしく思うような、あるいは、まねしたくなるような女性**になってください。

また、テーブルマナーは瞬時にマスターできるものではないとしても、持ちものならすぐにとり入れやすいでしょう。たとえば、**ハンカチとティッシュ。これは必須**です。男は携帯していないことが多いので、なにかあったときにサッと出せると印象がとてもいいです。

またまたぼくの話で恐縮ですが、ぼくの妻は、**必ずバッグにつま楊枝を入れています。**ぼくが食後に使うことが多いので、普段からよく見てくれてんねんなと感じますし、お店にもあるけれどバッグからサッとつま楊枝を出してくれると、それはやはり感動レベルですよね。

それと懐紙《かいし》……はもしかすると知らない人も多いかもしれませんが、和装が普段着だったころ、懐に入れてティッシュやハンカチ、メモ紙に使われた和紙のことです。

お茶の席で出す和菓子の下に敷いてあったり、和食の席で魚を食べたあとの小骨や果物の皮などを懐紙で目隠ししたり、ティッシュよりもずっと上品で使いやすいです。

料理を口に運ぶときに手を皿のように使う〝手皿〟は美しくないですが、懐紙を使っている女性を見たら、おっ！　とびっくりするはずです。めちゃくちゃレベルが高いですが、もしもっていて扱えたら、**ほかの女性と圧倒的に差がつきます。**

持ちもののように、心がけ次第で誰でも取り入れられるのが**「姿勢」**です。姿勢は、めちゃくちゃ大事です。若い年代に姿勢の悪い女性は多いのですが、本人たちはあまり気にしていないです。姿勢を気にしていなくても、若いうちは美しく見えるんですよね。でも、そのまま年齢を重ねるのはおススメしません。

セールス研修のときにも話すことですが、姿勢とは〝姿の勢い〟と書きます。姿の勢いは、信頼の証にもなる。住宅販売などで数千万、億単位の商品を売るのに、背中を丸めた営業マンに言われても信頼しにくい。ですから、座っていても立っていても「腰をきちんと立てて、姿勢を整えましょう」と指導します。営業の場合、姿勢は信頼と説得力につながりますが、女性の場合は品性につながる。

背筋がしゃんと立っている女性は、凛としていて、それだけで美しいのです。

姿勢と似ていますが、ぼくの講座では、がさつな動き、振る舞いはあかんよと言っています。動作においても重要なのは〝女性らしさ〟です。言い方を変えると、**がさつな女性は、男性に男友だちといるような錯覚を起こさせます。**

では、品のある女性の動き、がさつだと思われない動きをするにはなにが大切なのでしょう。ぼくがおススメするのは、**「すべての動きを肩幅より内側で収める」**こと。

たとえば、「そこにあるものをとって」と言われたときに、肩幅よりも外に大きく手を伸ばしてガッととり、そのまま反対側に大きく「ハイ」と差し出す女性はどうでしょう？　これだと動きが大きくなりすぎて、がさつな印象を与えてしまいます。やはり、シルエットだけで見ても、女性であることがわかる所作を目指したいものです。

動きに品のある女性は、脇の下を締めて両手でものを取り、腕を広げることなく体自体を回転させて正面からものを渡すでしょう。イメージがつかみにくい人は、着物のときの所作をイメージしてください。

着物はバサッと羽織るものではありません。下からそろそろと体に沿うように上にあげ、片方の肩からそっと袖を通して着るのです。ですので、動きが制限され、結果的に着物を着ただけで女性の動きはなにか洗練されたように見えますよね。

また、もう少し補足するなら、**ひじをできるだけ外に出さない**こと。できるだけ体から離さないように使うイメージです。最近はあまり見ないようになりましたが、昔はよく、**腕時計の文字盤を手首の内側に見えるようにつけている女性**がいました。そうすると必然的に時計を見るときに、ひじが外に出ません。逆に普通の時計のつけかた（文字盤が手首の外側）をした状態で時間を見ると、ひじが外に出て、がさつとまでは言わないまでも、男らしい印象を与えてしまいます。

品のある動きを本気で学びたいなら、歌舞伎を見に行くのもおススメです。男性が演じる女形には、どこか男性の願望が込められていますから。

細かいことを言うと、言葉づかいも重要です。丁寧語、尊敬語、謙譲語がきちんと使いわけられているか。なんなら、字もきれいなほうがいい。

字が汚いという自覚がある場合、メッセージはできるだけ自筆ではなく、メールやLINEで送ってください。あるいは印刷したもので。思いを込めた手紙が、むしろ全部マイナスやん、ということにならないよう。

厳密に言うと、人間性と字の汚さに相関関係はありませんが、字の印象で損する人はめちゃくちゃ多いです。逆に言うと、達筆な人は、そこをどんどん出したほうがいいですよね。魅力が爆あがりします。字は習練が要るので、必須ではありませんが努力目標として置いておくといいでしょう。

年上女性の萌えギャップ〝相手を頼る〟

若者と勝負しても仕方がないよ。年上女性のメリットを押し出して活かさないとあかんよ。変に年下みたいな売り方したらあかんよ。

こんな主旨でここまで話してきました。でも、知識があって、寛容さがあり、品もある。これだけだったら、すばらしすぎて、ともすると、「俺って子ども扱いされてるんかな?」と委縮してしまうかもしれません。あるいは、彼の童心は満たされても、「俺は立派な男なんだ!」という言わば父性は満たされません。

ですので、**彼をサポートしつつも、彼の助けを借りる、彼を頼る**ことを絶対に忘れないでください。とくに年上女性は、精神的にも経済的にも、彼よりも満たされていることが多いため、けっこう意識してやらないと、彼に助けてもらったり、頼ることができません。

さまざまな心づかいができる**年上の女性に無邪気に甘えられると、男からしたら、いい萌えギャップになる**のです。これは、相手が女性・男性にかかわらず、目上の人に頼られるとどこかうれしい気もちを感じるのと同じです。年上だからと遠慮して、人に頼らず、甘えず、なんでも自分でできちゃう感はNGです。

なんだったら**自分でできるけどあえて彼に任せる、相談する、頼る、**ということを戦略的にやってもいいくらいです。それが彼の喜びになるし、彼にとってのサービス精神だと思って、ぜひ、やってください。

ちょっとしたことでいいと思います。靴を履くときに、「ちょっとこれ、もっていてほしいの」とか「つかまっていい？」、あるいは「上にあるものだけど、届かないの。とってもらっていい？」でもいいでしょう。困ったな、助けてほしいなということを素直に彼に伝えればいいです。

念押しで言いますが、もしも、根っからの長女気質で「人を頼ってはダメ」「甘えてもいけない」「自分のほうが年上なのだから」みたいなマインドになりがちな人は、とくに覚えておいてください。頼ってもらうことが、男はうれしいのです。男は問題解決したがりが多いので、どうぞその〝貢献欲求〟を満たしてあげてください。

そうでないと、「たしかにあなたといると居心地はいいけれど……あなたは別にぼくがいなくても大丈夫ですよね」という思ってもみない展開につながってしまうこともありますから。年上女性は絶対に甘える技術が必要です。

年下の彼と長くつき合うためのマインドセット

近年、年上女性に憧れを抱く男性は増えましたし、実際、年上の女性とつき合う男性もたくさんいます。ですが、年が上で包容力がありそうというだけだと、長くつき合ううちにもの足りなくなることも……。

長く関係を育《はぐく》んでいくには、年下男性の気もちを理解することが大事なポイントです。そのための、基本的なマインドセットをお伝えします。

1　「年齢」をヘンに意識させない

年下男性と接する際には、どうしてもお互いに年齢のことが頭に浮かんでしまうもの。年齢を意識させへんようにせなあかんのに、つい、「あなたは年下だから（若いから）」と言ってしまったり、逆に「わたしはもうこの年だから」とか「おばさんだから」といった自虐的な発言をしてしまうと、年齢という枠に変にとらわれて、お互い気疲れしてしまいます。

あなたは、自分が年上であることに引け目を感じていたり、気おくれして言ってるかもしれませんが、もしかすると彼は、あなたが年齢をもちだすたびに**「あなたはしょせん年下よ」と言われているような気になっているかも**しれません。自分の引け目だけでなく、彼の気もちも考えてあげないとバランスは崩れてしまいます。

年齢がいくつであれ、1人の人間として交友を深めていくように心がけてください。そうするうちに、年の差など自然と気にならなくなるはずです。彼が年齢の差を感じているのではなく、あなたが年齢を感じさせているのかもしれませんからね。

考え方の基準を「年齢」に置かなければ、妙な引け目を感じたり遠慮をしなくてすみます。恋愛はあくまで対等な関係性が大切です。

ですので、**年下、若いね、若い人……はNGワード**です。

2 若者文化を無理にとり入れない

年下の男性に対して「気に入られたい」という思いが強くなると、ついがんばって合わせようとしがちです。若い女性がするファッションをしてみたり、若者文化、若者言葉をとり入れようとするかもしれません。いけないことではありませんが、必要以上に無理をしすぎると、痛々しさや若づくり感が出てしまいます。

彼はそもそも〝いまのあなた〟を気に入っておつき合いをはじめたのです。**年齢相応の美しさや魅力がある**はずです。それを、〝あなたでない誰か〟になろうとするのは言語道断！　なにより、〝自分にないものをもっている〟からお互いに惹かれあっているので、自分らしさや年相応の大人っぽさをちゃんともっている女性のほうが、年下の男性にも確実に魅力的に感じるでしょう。

3　男として扱う

年下の男性といっしょにいるときは、女性のほうがいろいろと情報や知識が多いぶん、自然とリードするような形になってしまうかもしれません。ただ、過剰にリードをしすぎるのはNG。やりすぎると、男性のプライドを大きく傷つけてしまいます。再度お伝えしますが、男性は、自主独立の生きものです。なので、聞かれてもいないのに「これしたほうがいい」「あれしたほうがいい」とアドバイスしたり、先回りしてあれこれやってしまうと、自分でやりたいという彼の気もちをそいでしまいます。デートの場所を毎回あなたが決めたり、世話を焼いてあげたり、いつもお金を出してあげると、彼をどんどんヒモタイプのだめんずにしてしまう可能性も。

適度に主導権や決定権を彼に渡してあげましょう。もちろん、お金を出させてあげることも大切。あなたは陰でリードをしたり、サポートできれば、男性もかなり心地よさを感じるはずです。

また、必ず彼への尊敬ポイントも伝えてあげてくださいね。**「ここがすごいね」「さすがだね」など、すばらしいところはいくら言ってもＯＫ**です。そのぶん、彼の男度があがりますからね。

4――大人と子どもの側面を両方見せる

年上の女性に対しては、「オトナの女」の部分を男性は間違いなく求めています。**オトナのカッコよさやオトナの色気、オトナの余裕などを感じると、憧れや好意を強く抱く**もの。しかしそれだけではダメで、**時折そんななかに「子どもっぽさ」や「無邪気さ」も入れ込む**ことをしてください。

さきほども伝えたように、男性の父性の部分も満たしてあげるということ。「大人」と「子ども」であったり、「余裕」と「甘え」といったものを、バランスよく両方あわせもつのが、長くつき合うコツです。

男性にも父性があります。その部分が満たされなくなると、男でいられなくなったり、「この人とつき合っていると、成長できない」と感じてしまいます。「オトナ」だけ見せないで「コドモ」の部分もちゃんと見せること。片方しかないと短い期間で飽きられてしまいます。とにかくぼくの言葉で言うと、つき合いを長く持続させるには、感情を揺さぶり続けることです。そうするとマンネリを防ぐことができて飽きずに長くおつき合いが続きます。

もしもあなたが、しっかりしている、品がいい、きちんとしている、甘えさせてくれる、知識がある、キャリアがある、寛容さがある、としたら、その正反対の無邪気さ、天然っぽさ、わがまま、だらしなさ、ダメダメさ、子どもっぽさなども隠さずに必ず見せてください。

あえて反対の面をつくれというのは難しいですが、あるのに見せていないのは絶対に損！　こんな姿見せたら嫌がられるかもというのはあなただけの考えです。

会うたびに違う一面が見える。会うたびに底が見えない。そのようにすると、彼を沼らせることができます。そういう意味でも、片方だけではなく、つねに反対の面が見せられるようになると、関係が持続するでしょう。

ちなみに、感情を揺さぶり続ける最強の方法は、２３３ページで詳しく解説するので、楽しみにしておいてくださいね。

3
時限目

「フラれた彼」の攻略法

復縁

まず「謝罪」と「感謝」のＬＩＮＥを送る

３時限目は、「復縁」を実現するためのメソッドをお伝えしたいと思います。

「何年たっても初恋の彼が忘れられない」

「別れた彼とまたつき合いたい」

「別居中の夫との仲を修復したい」

昔からぼくは復縁セミナーを開催していましたが、コロナ禍の外出自粛などの影響もあってか、復縁を望む女性はこのところグッと増えているような気がします。

ですが、別れた相手とよりを戻すことは、うしろ向きな行動と思われるのか、周囲から反対されたり、応援してもらえない……と感じる人も多いもの。そのため、長いこと前に進むことができずにいたり、誰にも相談できずに思い悩み、ネガティブな思考に陥ってしまう女性もたくさんいます。

もしもあなたが復縁で悩んでいるなら、どうぞ悩まずに、行動してください。そんムリめの彼、年下の彼、忘れられない彼…
からアプローチされる!

シークレット婚活塾
［リベンジ］

購入者限定無料プレゼント

男心を理解して婚活成就!!
女性には決して言わない、
男性の女性に対する本音と心理
すべてお伝えします!

「シークレット婚活塾」塾長
井上敬一

な悶々とした思いを抱えて心が不健康なまま生きるより、誰がなんと言おうと、愛する人を再びゲットするよう邁進するべきです。

では、どこからはじめたらいいのでしょう。

「別れた彼を忘れられないけど、連絡していいのかすらわからない」

「連絡をしてみたけど、無視された」

「いまさらなにをしても無駄ですよね」

いろんな気もちや不安が出てくるとは思いますが、とにかく手順通りにことをすすめてください。なにもしなければ可能性は0パーセントですが、動けば1パーセントでも確率があがるのです、合言葉は「動けば変わる！」です

かくいうぼくも復縁婚を叶えた1人です。その経験から言うと、復縁が叶えば、お互いの大切さを再認識でき、お互いをより深く理解できる最高の愛が育まれます。そういう意味では〝復縁組〟は最強かもしれません。

手順1　友だちからやり直す

人間関係で失敗したときは、いつでも友だちからやり直すことをおススメします。

マイナスに振れた関係はいきなりプラスにはできないので、まずはゼロの状態にして、新たな気もちで友人としての関係性を構築します。

目指すのは、〝なんでも相談できる親友〟のポジションです。

彼の元カノだからといって、友人に戻ることなしに恋人関係に戻ることは不可能です。あなたが一方的にやり直そうと追いかけても、彼はさらに心を閉ざしてしまうだけ。逆効果です。一度別れたなら、友だちからやり直しましょう！

手順2　謝罪と感謝のメールを送る

マイナスの関係をゼロに戻し、友だちとしてやり直すには、まず破局の原因をあなたなりに分析すること。そして、それに対する反省の気もちを伝える**「謝罪」メールを送りましょう。復縁にはこのステップは欠かせません。**

「謝罪」メールで重要なのは、相手の目線に立って謝罪すること。**けっして言い訳をしてはいけません。**わかってもらおうという正当化など、この段階では不要です。

たとえば、コミュニケーションのとり方のここがよくなかったとか、自分の言動がいかに彼を傷つけたか、怒らせたかを客観的に反省します。それができれば、彼は「やっとわかってくれたんだね」と安心できるでしょう。「悪いところは直すから」というのは漠然としすぎ。もっと具体的であるべきです。

謝罪にプラスして、彼への感謝を伝えます。エピソードを具体的に伝えたうえで、彼との経験が自分の役に立っていることを伝えましょう。なぜなら、謝罪だけだと謝らせて悪いな、と彼に余計に気遣いさせることになったり、なんだか重いなととられてもいけないからです。なので、彼とつき合ったことで、具体的にあなたにプラスに働いていることなどを伝えて、カラッと明るさを伝えましょう。

謝罪と感謝のメール例

○○くんとつき合っていたころのことを、いろいろと思い返していました。わたしは自分のことを理解してもらいたい！　と思うばかりで、あなたのことをわかろうとしていませんでした。あなたは忙しいときも時間をつくってくれたのに、わたしはそのことに気づかず、文句を言ったり、悲しんだりしていましたね。なんて勝手だったんだろうといまならわかります。

あなたはわたしのことをいつも考えてくれていたのに、感謝するどころか、それが当たり前だと思っていたことにも気づきました。口数が少ないあなたをもっと理解しようとするべきでした。思いやりもなかったよね。いまさらながら、本当にごめんなさい！　そして、あのときの気もちをありがとう。

いま、わたしは、〇〇の勉強をがんばっています。難しくてくじけそうになることもあるけど、なんにでも一生懸命だったあなたの姿を思い出すと、わたしもがんばろう！　と思えます。少しは成長できているかな。前向きな気もちをもらえたこと、感謝しています。

忙しいと思うので、返信は気にしないでください。

いかがでしょう。彼との関係性や別れ方にもよりますけど、このようなメールをもらって嫌な気もちになる人はまずいないと思います。言い回しや、言葉遣い、細かなエピソードは別として、全体のニュアンスや流れを把握してもらえれば大丈夫です。

ポイントは、暗い雰囲気を出さないこと。いまはもう彼のことは吹っ切れてて（本当はそうでなくても）、明るく前向きになれているということを伝えましょう。少しでも落ち込んでいたり、重苦しく暗い雰囲気を出すと、相手は一気に引いてしまいます。メール例の組み立て方を参考に、あなたなりの内容を考えてみてください。

そういう意味で、最後の返信を求めない心遣いは、彼の警戒心をほどくことにつながるので、おススメです。

気をつけてほしいのは、**タブーワードである「やり直したい」「友だちに戻ろう」は絶対に使わない**こと。彼はまだ多少なりともあなたに罪悪感があったり、あなたから連絡が来たことを脅威に感じているかもしれません。そこを払拭するには少し時間がかかるので、いまの時点ではあなたの一方的な思いをぶつけるのはタブーです。

感謝や承認のメッセージはしつこく送ってもいい

誰かのことを好きになるときには、必ず最後は相手への尊敬の念があります。逆に尊敬できなくなった相手は、恋愛対象から外れます。

そして、男はヒーローになりたい生きものです。自分をヒーローだと思ってくれる女性のことを好きになり、彼女にし、妻にしたいと思うのです。その心理をうまく活用して、**感謝や承認を「これでもか！」というくらい入れてしまってもＯＫ**です。

感謝を伝え、承認し続けるメールを続けていると、最初は返信がなかったメールにもだんだんと返事が来るようになります。これは、彼があなたに対して、「自分のことを理解してくれた」と感じている証拠です。

男性にとって、**自分のことを無条件に承認してくれる女性の存在は、めちゃくちゃ重要**なんです。なんでかというと、じつは言わないだけで、男性は外の世界では打ちのめされ、負けていることがほとんどです。自信を失っているのです。そんなときに心の支えになってくれるのは、自分のことをナンバーワンにしてくれて、承認してくれるあなたです。そんな存在を好意的に思わないはずがありません。

あなたは、彼を認め承認する存在のナンバーワンを目指してください。あなた以上に承認してくれる人はいないので、彼はどんどんあなたに心を許し、本音を明かしてくれるようになります。

彼があなたと会って話がしたいと思うようになるタイミングは人それぞれですが、承認のメールを続けていれば、そのときは必ずやってきます。1年後かもしれないし、メールのやりとりをはじめたらあっという間に訪れるかもしれません。焦らずに、彼のタイミングを待ちましょう。

手順3 感謝と承認のメッセージを送る

別れたあと一度くらいメッセージを送ったけれど返事が来ない、またはスルーされている場合は、手順2の謝罪と感謝のメールを再度送ってください。

謝罪と感謝のメールに返信はいらないと書いてもらいましたが、反応はやっぱり気になりますよね。本当は、相手からの返事を待って次の動きを決めたいところですが、感謝のメッセージなら、こちらからいくら送ってもかまいません。

謝罪と感謝をセットで伝えるのが手順2、その後は感謝と承認だけを伝え続けるのがポイントです。

つき合っている当時、彼に伝えていなかった感謝したいポイントはたくさんあるはずです。その感謝ポイントを、きちんと言葉にして伝えましょう。

0時限目で復習した「したのりす」を実践するのに最適の場です。し＝承認は、相手のことを否定せず、相手を楽しませて、喜ばせるコミュニケーションです。自分に置き換えてもわかると思いますが、自分のことを肯定してくれない人、認めてくれていない人のことを好きにはならないですよね？　復縁を叶えるために、彼といい人間関係をつくるベースにもなりますので、がんばりましょう。この**感謝・承認メールは、なんなら1週間に1通くらい送ってもOK**です。

これを実践することで、急に彼から返事が来るようになったケースをぼくはたくさん見てきました。人を喜ばせる基本は、見返りを求めず、その人への真摯な感謝の言葉なのです。

感謝・承認のメール例1

「いま、資格試験の勉強をしています。なかなかうまくいかないけど、あなたがいつも諦めない姿勢をもっていたからわたしも猛勉強してるよ。ありがとう」

「今日は体が疲れていて、会社を休みたいと思ったけど、どんなときもプラス思考で進まないといけないとあなたが言ってたので、わたしもがんばらなきゃと思えました。ありがとう」

こんなふうに彼のおかげで自分はいま、前向きにがんばれているということを短く伝えます。あなたが彼との失恋を乗り越えたことも相手に伝わり、さらに、彼がしたことがいまのあなたの役に立っていることがこれで伝わります。

感謝・承認のメール例2

「あなたに教えてもらったレストランに友だちを連れていったら、すごく好評だった。あなたってやっぱりセンスがいいよね。ありがとう」

「営業先にあなたと同い年の人がいたんだけど、身だしなみも言葉遣いも全然できていなかった。あなたがいかにできている人だったか実感したわ。なんか、うれしくなった」

彼とつき合っていたころのことを具体的に思い出して書くことがポイントです。彼のいいところを具体的なエピソードとともに伝えることを意識してみてください。

手順4　彼に思いっきり安心感を与える

相手と再びコミュニケーションをとることができたら、今度は「安心感」を与えることをつねに意識してください。

安心感？

そうです。彼はまだ内心びびっています。別れたこと、あなたを振ったこと（あるいは彼があなたに振られたとき暴言を吐いたことなど）を責められるのではないか？　そこだけでなく、彼はあなたから復縁を迫られることも恐れているのです。男はなんて気の小さい生きものなんでしょうね。

ですので、最優先にすべきは、彼の安心感を構築すること。彼の不安をとり除くためにも、「あなたとのことはもう吹っ切れている」と、彼にきちんと伝えましょう。

先述したように**実際には吹っ切れていなくてもOK**です。彼にそう伝えて警戒心をとき、安心させてあげるのです。

吹っ切れた＝彼のことが嫌いになったという意味ではありません。「いまは前向きな気もちになれている」「あなたとつき合っていなくても人生を楽しんでいる」というようなことを伝えるのです。それを伝える前と後では、明らかにあなたに対する反応が変わるのを実感できることでしょう。

復縁成功への理想的な手順はこうです。

あなたとの間にあった不安がなくなり、安心してもらう。その後、自然と友だちの関係になる。そのうちいつの間にか、自然と恋人に戻っている。

たとえ彼のことが吹っ切れていなかったとしても、謝罪と感謝のメールでは、明るく元気に自分らしく毎日を過ごしていることを伝えるべきです。それが彼の安心感につながるのですから。

相手に彼女がいるほうが勝てる

たとえば、あなたが腕時計を買おうとしているとします。10本の時計があったら、そのなかからあなたにとってのベストワンを決めることができます。

でも、腕時計が1本しかなかったらどうでしょう？　比較対象が少ない、あるいは無い場合、気に入ってるけど、もしかするともっと気に入るものがほかにもあるかもしれないと考えるのが人間です。**比べる対象がないと、「これが自分のベストだ！」といい切ることができない**のです。

ですから、復縁したい彼に現在彼女がいる状態は、あなたとの比較対象を彼がもっているといえます。がっかりしないでください。落ち込まないでください。あなたが復縁のコミュニケーションメソッドを学び、習得したなら、その彼女に負けるはずがないのです。

彼女が彼とのつき合いのなかで、コミュニケーションの地雷を踏むのを**待っていれば、彼があなたを選ぶ確率は自然と高まります。**彼に彼女がいるなら、奪ってやろうと思わなくても、いい友だちとしてつき合いを継続しつつ、あなたは現在の彼女に勝つことだけにフォーカスすればいいのです。勝負ごとにおける勝利の条件は、ほとんどと言っていいほど相手の自爆です。それをただ待てばいいのです。

「したのりす」の法則で、いちばん重要なのは「承認」だとお伝えしました。ただ、実際のところ、相手をちゃんと承認できている人はほとんどいません。ですから、あなたが徹底的に相手を承認するコミュニケーション術を身につければ、復縁はかなり近くなると思っていいでしょう。

承認があるからこそ、あなたの前で彼は居場所を感じます。相手に絶対的に承認されているという安心感が男女関係には必須なのです。ここをあなたが彼女よりも徹底的に構築すれば必ず変わってきます。

この手法は、復縁を望むシングルだったはずの元カレに、新しく彼女ができたときも同様です。もちろん、不安になり、応援できるような心境でないことはぼくにもわかります。でも、その彼を応援できるかどうかでその後の展開が大きく変わります。

彼の恋愛や彼の好きな女性を応援するということはつらいのですが、間接的に彼を承認していることになります。反対に、彼の恋愛や好きな人を否定すれば、彼は自分のことを拒絶されたような気もちになるのです。

新しい彼女ができたなんて！　と焦る気もちはわかりますが、**その彼女を決して悪く言ってはいけません。徹底的に承認しましょう。**そうすることで、**あなたは彼の恋を応援する友だちのポジションを確立**することができ、彼女のことでなにかあったときにはあなたに相談してくるようにまでなります。

彼のことを深く理解し、かつ、新しい彼女との交際を応援してくれる女性は多くはいないため、あなたが適役となるのです。彼のいちばんの理解者である親友のポジションは、なにがあっても守り抜かなくてはなりません。

相談が来るときは、たいてい、新しい彼女がコミュニケーションの地雷を踏んだときです。もしかしたら、以前のあなたのように、彼を責めたり、彼女が彼女自身のことを優先したときです。あなたに相談したあと、彼は彼女の元に戻るかもしれませんが、彼女がその後も地雷を踏み続けた場合、結局はうまくいかなくなります。そんなとき、心に浮かぶ存在があなたなのです。**そうなったら、復縁の大チャンス**です。

ただし、彼から相談されたとき、彼の話に乗っかってあなたが彼女を否定するような発言をすると、彼女とよりを戻す可能性はかなり高くなります。**人から彼女が悪く言われると、逆に彼女のいいところを探そうという心理が働く**からです。

これは、人間の脳がバランスをとろうとする特性です。彼からの彼女の相談は、彼に共感はしつつも、**決して彼女のことは悪く言わず、あくまで理解者、**

助言者でいてください。そして彼の彼女が地雷を踏むのをただ待ち、彼が自らのジャッジであなたの元へ帰ってくる。これが最善の方法です。

誕生日のメッセージは数日前に送れ

彼にメッセージを送るタイミングで、逃してはならないのが彼の誕生日です。メッセージを送る口実ができ、感謝を伝えやすいのもこの日です。彼のなかでも1年のなかでご機嫌がいい日ベスト3に確実に入っているので、あなたの心も届きやすいです。ですから、必ずメッセージを送ったほうがいいのですが、細かなポイントがあります。ほかの人からのメッセージに埋もれてしまわないよう、**誕生日当日ではなく、数日前に送りましょう。**

例を挙げますので、参考にしてください。

誕生日のメール例

「当日は忙しいでしょうから、先にお祝いのメッセージを送らせてね。誕生日おめでとう。あなたの好奇心や向上心に、わたしはいつも励まされています。

そう言えばこの前、後輩の悩みを聞いていたら、あなたの口癖が自然と出てきました。あなたがいつもわたしに自信をくれていたように、後輩にも自信をもってもらうことができました。本当にありがとう。素敵な1年になることを心より祈っています」

誕生日のメールでも、きほんは通常の感謝のメールと同じです。彼があなたに貢献している、影響を与えているという内容のメールを送るだけでいいのです。

ほとんどの人は自分のいいたいことだけを言って、〝相手に喜んでもらおう〟という感覚がありません。そのことに気づき、**相手を喜ばせようとメッセージを工夫するだけでも大きな効果がある**のです。相手を喜ばせることの心地よさを知ったなら、あなたはもう無敵です。

いざとなるとできない人も多いので、彼だけでなく家族を相手に短い感謝を告げるというのをはじめてみるのもおススメです。練習すればするほど、承認の熟練者になれますから。

手順5 ― 彼と会う

当たり前ですが、恋愛も婚活も、相手に会わなくては先に進みません。あなたのよさ、魅力が実際に会って話をすることで10割伝わるとすると、電話だけなら7割、メールやLINEでは3割まで落ちます。つまり、**会わなければ復縁は先に進まない**のです。

ここでは、メールのやりとりから、**彼と会う約束をとりつけるための方法**をいくつか伝授します。

目線ずらしの法則

ポイントは、デートという名目ではなく、**目的はあくまで別にあると思わせて約束をとりつける**ことです。〝デートじゃない〟という言い訳があると、精神的に彼もラクになり動きやすいのです。

「仕事の相談があるんだけど、聞いてくれないかな」

「話題のレストランがあるんだけど、今度みんなで行こうよ」

「今度新しくできた○○に、勉強のためトレンドウオッチしに行かない？」

「甥っ子の誕生日プレゼントを買いたいんだけど、つき合ってくれない？」

彼の性格を考えて、言い訳にしやすい話題を選ぶといいでしょう。

ぼくが開催する恋愛婚活講座に参加していたある生徒は、意中の彼が保険の営業マンだったため、「わたしの友だちで保険に興味のありそうな人がいたら紹介したいから、その説明をわたしが少しでもできるようにわたしにまず教えてほしい」と言って、会う約束をとりつけました。

お客さまを紹介してくれようとしている彼女の申し出を断る理由はありませんよね。とにかく会って、**前とは違うあなたの魅力に気づいてもらうことが大事**です。彼と会うためには、こういった「大義名分」をつくることも必要なのです。

「わたしたちってつき合ってるの？」などと白黒つけない

手順6 ― 会話をする

会う約束をとりつけたら、次はいよいよ会話です。詳しくは0時限目でも紹介しましたが、会話でいちばん重要なポイントは、とにかく聞くこと。目安としては、**1時間いっしょにいたら、その半分の30分以上は相手に話させる**ことです。人は自分のことを話している時間が長いと、相手が自分をわかってくれたと感じます。徹底的に聞くことが、相手への承認となるのです。

会話には「一人称」「二人称」「三人称」の3つのパターンがあります。あなたが自分の話をしているときは一人称の会話、その場にいない第三者の話、映画、天気やニュースの話などの雑談は三人称の会話です。

彼との話のなかでは、二人称の会話を行うことを意識してください。つまり、**第**

三者の話でもあなたの話でもなく、彼にスポットライトを当てるのです。その会話が続けば、彼はとてもいい気分になり、あなたのことをますます好きになります。聞き上手こそ相手の居場所をつくり好かれる人のコミュニケーションのポイントです。

手順7 復縁する

ここまできたらいよいよ最後のステップです。けっこう仲よくなって、前よりも会う時間も多くなってきた。そんな時期に勝負のカギを握るのは、**現在の2人の関係に白黒つけようとしない**こと。大人の男女関係において、つき合っているのか、つき合っていないのか、みたいなことをはっきりさせることはしなくていいのです。

ましてや復縁において、白黒つける必要はまったくありません。なぜなら、復縁においで、この段階でのその発言は**彼に保証を求めているようで、あまりいい印象を与えない**からです。また、もしかすると完全にまだ彼の気もちが固まっていないこともあるので、その時点での白黒はっきりさせる発言は、**ここまで積**

みあげてきたことが1日で崩れ去る危険性もあるからです。

「わたしたちって、もうつき合ってるんだよね？」

こんな女性の言葉を、うっとうしいと感じる男性も少なからずいます。そのためこの言葉はご法度です。ではどうすればいいか？

気がついたらいっしょにいることが多い、自然とつき合っていたという状況をつくることを目指しましょう。彼に「この子といるとやっぱり楽しい」と思わせることができたなら、自然と2人の距離は縮まっていきます。

「いつの間にか」「自然と」つき合っていたというのがポイント。彼にとっていっしょにいて居心地のいい相手になれば、彼にとっての会いたい人となり、いっしょに過ごす時間は自然と増えていきます。

復縁に関してはとくに、「彼氏」「彼女」という言葉で相手を縛りつけるようなことはナンセンス。大切なのは、気もちを通わせて、相手を喜ばせ、気づけば何度も会いたい、話したい人になっている事実上のおつき合いです。ルール通りやれば必ず思い通りになっているはずです。

でも、不安なのでどうしても白黒つけたいという方もいると思います。その場合は、相手から言ってくれるのを待ってください。**どれだけ〝やり直したい〟と思っていても、あなたから言い出してはいけません。**

いろんなところで言われていますが、**男性は基本的にはハンター**です。**なかなか手に入らない価値の高いものを手に入れたい**という本能があるのです。そういった観点で考えても、途中まではあなたがステップを積みあげていくものの、最後の一声は彼から発してもらったほうがいいでしょう。そうしたほうがあなたに価値も感じてくれるはずです。

ちなみに、女性は男性に自分たちの関係を保証する言葉を求めがちです。自分の不安を解消するために、「つき合っている」というカテゴリーを求めてしまうのです。

気もちはわかりますが、この状態は、やはり自分中心の考え方。コミュニケーションの矢印が自分に向いている状態です。自分ではなく、彼の不安を解消したい、彼に喜んでほしいと相手を思いやることができると、彼はあなたに心を開き、復縁もきっとうまくいきます。

「つき合っている」という言葉は、嘘でも言えます。ですから大切なことは彼の言っていることではなく、やっていることを見ること。事実上のつき合いが重要です。

彼のまわりのキーパーソンを味方につける！

彼に影響力のあるキーパーソンをあなたの味方につけることで、彼のなかのあなたの評価を高めるという戦術です。

人間は、親友、両親、兄弟姉妹、上司など、人生の師、信頼している第三者の意見に影響されやすい傾向があります。ですので、自分の信頼する人があなたのことをすすめていると知ったら、「やっぱりあの子しかいない」と彼のなかでの最後のひと押しとなるのです。

彼のまわりのキーパーソンにいい印象をもってもらうため、彼と会うだけではなく、彼の親友も交えて会う機会をつくってもらったり、**お土産を彼の上司やご両親のぶんも用意**するなど、彼と同じくらい大切に扱うことを心がけましょう。

キーパーソンに会える機会があるのなら、彼と2人きりでいたい気もちは抑えつつ、彼も含めて積極的に会いましょう。**将来的にはこのことがとても大事に**

なるので絶対にやったほうがいいです。

そしてたとえば、彼の親友に**「あの子やっぱりいい子だよ」「あの子しかいないんじゃない」**と言ってもらえるようになったら、復縁、そして結婚はもう目の前です。まわりの人が認めてくれたという事実は、思っている以上に彼との関係にプラスに働きます。

復縁の場合、カラダは許してもいい

「カラダは死守しましたぁ！」と得意げに報告してくれる女性も多いのですが、大人の恋愛において、「つき合っていなければ、カラダの関係は許さない」というのは、いささかナンセンスです。変な言い回しに聞こえるかもしれませんが、体も、優しさ、心遣い、料理などと同じあなたの魅力の1つだと考えてみてください。

いままでのステップを踏んだうえで、男性があなたとの体の関係を求めているということは、復縁がかなり近づいていると思ってもいいでしょう。

彼の警戒心がとけて、**あなたと大人の関係をもっても、ややこしいことにはならない、なんだったらよりを戻してもいい**ととらえているとポジティブに考えてください。

そんなときにかたくなに拒否されると、男性は最後の最後で受け入れてもらえなかった、拒絶されたと思ってしまいます。下手するとプライドを折られた彼は、もう会わないとへそを曲げてしまう可能性も出てきます。そのため、彼と自分を信じて、今後も仲よくいられるということを前提に関係をむすんでもとくに問題はありません。

かといって、どんなときでも抱かれろといっているのではありません。目安としては、**彼からたわいもないメッセージが週に2回ほど来る**ようになった、あるいは彼から2回以上デートに誘われた、多少無理してでも時間をつくってくれるようになったという条件のいずれかを満たしていれば、体を許してもいいとぼくはアドバイスしています。

彼があなたに好意をもち、深い関係を望んでいるのだったら、「つき合っている」という言葉がないからといって、体の関係を拒否する必要はどこにもありません。

ここに書かれていることをあなたが実践していることが前提ですが、たとえ体を許してもなんの心配もいりません。彼がそれっきり離れていったり、体だけが目当てでいっしょにいることなどないからです。なぜなら、あなたは彼の居場所づくりもできて、コミュニケーション能力が高い女性になっていて、体以外の魅力もたくさん身につけているからです。

復縁が難しい4タイプを徹底検証。あなたの別れはキレイでしたか？

また、いまは彼とうまくいっていても、将来、別れるということもあるかもしれません。

復縁の確率を高めるために、望ましくないフラれ方についても書いておきますね。万が一のことを考えて、転ばぬ先の杖として頭に入れておいてください。また、なかには彼が別れを考えていることを事前に感じとる女性もいるかもしれません。そのときを迎える前に、気をつけておいてほしいことを先に伝えておきましょう。

別れの際、その女性の見たくない面が出てしまうことで、復縁の確率がめっちゃ低くなることが多いです。ですので、もう別れたという人たちは復縁したい相手と別れたときのことを再度思い出して、復縁できるかどうか、その道のりの簡単さ、険しさを考えてみるのもいいかと思います。

復縁は、ここまで読んでくださった方はおわかりのように、再び友だちからはじめる……のがポイントです。なので、**恋人じゃなくなっても友だちでいたいと思わせる別れ方が重要**です。

一番やったらあかんのは、別れ話になったときに感情を抑えられなくなってしまう**「攻撃系」**。ものごとを力でねじ伏せて、強引に攻めていこうというタイプなんやなと思われたら絶対にまずいです。

たとえば、**絶対に別れない！　と泣いたりわめいたり、死ぬ！　と脅したり**するのはこの攻撃系に含まれます。あるいは、ショックなのはわかりますが、「わたしたち最初から、合わないと思ってたし」などとこれまでの関係性を根本から台無しにする発言をしたり、「わたしだってすごい我慢してきたのよ！」、**「いままでの時間を返してよ」のように、攻撃系女子の顔を見せると、**

男は二度と復縁したくないと思うでしょう。

攻撃には2種類あって、**強攻撃と弱攻撃**があります。前者が強さを売りにした攻撃なら、もう1つは**とにかく黙り込む、しくしくと泣き続ける。**相手を困らせるという意味では、これは弱さを売りにした攻撃系です。

どちらにしろ、このように攻撃されると、そのときの印象が強く残り、彼はもう会いたいとは思わないですし、復縁したいとも思いません。

さらに、**「悪いところがあったなら、全部直すから」というのも、交換条件みたいなものなので、余計嫌に**なります。「なんでも直すから、お願いだから別れないで！　考え直して！」という**「すがり系」**もいます。

別れの瞬間はやり直しするわけにはいきません。ですから、再スタートを切るためにも、穏やかに、キレイに別れることも重要です。

攻撃系のほかに**「逃避系」**もいます。とにかく現実から目をそらしたい逃避系は、ちゃんとした話もせずに、**「なにも言わないで！」**「わかったわかった」「大丈夫だから、大丈夫」など、**話すら聞かずに終わらせようとします。**彼からすると自分と向き合いたくないんだとこれもまた印象が悪いです。

なかには「わたしもちょうど別れたいと思ってた」などと、嘘をついてでもその場を逃げてしまいたい、相手の話を聞きたくない、早く終わらせたいという女性もけっこういます。

その後は、男性の連絡先やつながっていたSNSなどをすべてブロックするというお決まりの逃避方法ですね。そうすると、もしも男性が最後はきちんと話をして別れようと思っていたとしても、話をすることすら拒否されるのは、男性からしたらなかなかしんどいです。

もうひとつ、**「待機系」**もありますね。これは、〝いつかなんとかなるだろう〟と、自分はまったく変わらずに、ただひたすら待つというタイプです。

こういうタイプは別れ間際に、こんな言葉を言ってしまいます。

「あなたの気もちが変わるまで、わたし、待ってるから」

あるいは、こんな待機系もいます。

「そんなこと急に言われても無理だから。わたしの気もちが落ち着くまで、もうちょっとつき合っていてほしい」

別れ話をしているのに、これ言われると男性はもっとしんどくなります。

「別れてもいいけど……ちょっとずつ自分を元に戻したいから、連絡だけは毎日とらせて」など、追い込まれると考えられへんようなことを言う女性もいます。

要は、追い込まれたときにその人の「本質」が出ると言われますし、それは男性も知っています。攻撃系、すがり系、逃避系、待機系、いずれも好きな男性はいません。**別れを察知したら、とにかくジタバタしない**ということがまず大事です。

別れ話のときの正解は「承認・受容・感謝」

「終わりよければすべてよし」という言葉があるように、もう一度友だちに戻れるか否か、これが復縁のスタートです。

いちばんいいのは、別れは嫌だけど、あまりごねずに受け入れる。そして感情的にならずに話をすること。

「あなたがそう決めたのだから、わたしがどうこう言っても仕方がないよね。わたしにも落ち度あったし、お互いにあったかもしれないけど……。でも、**つき合って楽しかった。たくさん成長できた。ありがとう**」

相手の気もち、決断を承認すること。ちょっと無理した笑顔でもいいから、その場ですんなり別れておいたほうがいいです。**すんなり去られると、勝手なもので、男は罪悪感をもつ生きもの**です。

この罪悪感はあとになってあなたに有利に働きます。間違ってもジタバタして、彼を困らせて、罪悪感どころか、彼の恨みをかうような別れはやめましょう。

覚えておいてほしいのは、どんな人間関係でも、悪くなったり、こじれたら、承認に戻ること。相手を承認し、相手の気もちを受容して、最後は感謝で終える。

もしも別れ話のときにあなたがこれができたなら、完璧です。

「フラれる」というのは、たんに「そのステージが終わっただけ」です。

そのステージの振り出しに戻ることはできないですが、次のステージには行ける。穏やかできれいな別れ方ができたら、もう一度友だちに戻って、連絡をとればいいんです。

愛し合っていたのは事実ですから、別れるときにも「この人はやっぱり人としてステキだな」と彼が思ったら、たとえ別れを切り出したのが男性からであっても、連絡をとり合えます。もっと言ったら、相談ごとにも乗ってくれるでしょう。

もしかしたら家族よりもあなたのことをわかっている相手です。素直に弱みも見せられるかもしれません。もちろん、あなたが彼の相談に乗ることだってできるのです。ですから、別れ話が出たら、つらくても心のなかで「オッケー！　次のステージね！」と考えて、友だちから再出発していきましょう。

4
時限目

「アプリの彼」の攻略法

婚活アプリ

負けの99％は自滅である

恋愛や婚活は、やることがたくさんあります。ストレスに感じる人も多いでしょう。

この本を手にとってくださった方のなかには、恋愛や婚活がなかなかうまくいかない……という人もいらっしゃるのではないかと思います。そのときに、「もっとがんばれ」とか、「もう少し気合入れましょう」と言われたら、めちゃくちゃキツイですよね。ですから、できるだけシンプルで簡単に「勝てる！」という方法をお伝えしたいと思っています。

この章でとくにおススメするのは、存在している見えない**地雷を知って、それを踏まない**ようにすること。**やることより〝やらないこと〟**を覚えてください。実際の地雷は地中に埋まって見えないから踏むのであって、もしそこにあるのが見えていれば踏まないですみます。

ということは、もしあなたが恋愛や婚活においての地雷とはなにかを知ってさえいれば、あなたは当然それをやらない。しかしほかの女性は知らずに踏むので、あなたはなにもしなくても勝てるということです。

じつはぼくがホストの世界で5年間連続ナンバーワンという記録を維持できたのも、この戦略をとったからです。毎日毎日、お客さまに「どんな男が嫌い？」「どういうときに冷める？」「こんな男はないわ～っての教えて」などと聞いて回りました。

そうすると〝地雷ストック〟ができて、どんどんやってはいけないことを知ることができます。でもライバルホストは地雷を知らないので、無意識に踏んでいき、自爆します。要はぼくはなにもしないまま勝手にお客さまに選ばれただけです。

余談ですが、いまでも地雷ストックを集めるのは習慣になっていますし、地雷研究所という勉強会コミュニティで、講座生とともにみんなで地雷を発見することもしているくらいです。それくらい**なにかすることより、なにもしないことのほうが勝てる勝率が高くなる**のです。どうです、少しはラクになりましたか？

かくいうぼくも、最初はこのことに気づきませんでした。自分が普通に地雷を意識していたので、みんなわかっているだろうと思い、「好かれる方法」だけを伝えていました。

ただ、どんなに好かれる方法を実践していても、うまくいかない人がいる。なぜだろう……と見ていたら、よいこともやっているけれど、同時に地雷を踏んでいることを発見したのです。

好かれることはある意味、相手に加点されるということですが、そうやって積み重ねていっても、たった1つの地雷で大きな減点をされて関係が悪くなります。ですから逆説的ですが、地雷を踏まないということはなにより攻撃的で、ほかの女性と差をつける大きなアドバンテージになるのです。整理すると、人間関係には順番があるということ。まずはとにかく地雷を踏まないこと。

地雷を踏まないだけで生き残れます。

そのうえで「好かれる方法」をやってもらうのです。そうすると大差で勝つ！

ぼくで言うと5年間連続ナンバーワンという偉業が達成できるし、**あなたはすぐに恋愛偏差値があがったり、スピード婚が叶う**ことを保証します。

実際に、恋愛婚活成就や仕事でのマネジメントで男女別の効果を発揮するための、やってはいけない地雷セミナー「好感力マネジメント講座～地雷除去編～」というのを何度も開催したことがあるのですが、男女ともに「地雷踏んでいました！」「だからうまくいかなかったんですね」という意見を数多くいただきました。

多くの人は地雷の存在など知る由もありません。ですので、地雷を踏まないだけで負けなくなります。そして、もう1つ。地雷を知ったら、その逆をやればいいんです。そこには、勝てる方法がすべて入っているのですから。

こんな写真は載せちゃダメ！

いまや、出会いの場として主流になっているマッチングアプリ。アプリに登録すると、多くの男性の注目を獲得するために、まず自身の写真とプロフィールを投稿することになります。

あなたはどんな写真を載せていますか？　もしくは、載せようと考えますか？

あるアプリの統計によると、**写真を見てコンタクトしてくる人が57・1パーセント**、自己紹介文の人が16・7パーセントという数字が出ています。そのほかは年齢13・1パーセント、居住地7・1パーセント、趣味3・6パーセントと続きます。つまり、8割近くの人が写真と自己紹介文を見て決めているということになります。要は、マッチングアプリは、**掲載する写真とプロフィールで8割決まる**ということです。

まずはとにかく、相手と会うことが最初のスモールゴールです。ですから会うために、いかに地雷を踏まないか、という観点から説明していきたいと思います。

いま言ったように、男性は写真とプロフィールで会うかどうかを決めます。ですから、男の心理としては、写真が1枚しかないと、**「これ奇跡の1枚じゃないかな？」**とか、「デートに誘ったら本人じゃない人が来るんじゃないかな……」と思ったりしてしまいます。女性もそうかもしれませんが、男はそれ以上に夜の遊びなどで、「写真と全然違う！」を何度も経験しているので、より一層ここは警戒している実情があります。

顔がぼやけている写真はもちろんNG。あと、**顔だけでなく、申し訳ないけれど全身も見て決めたい**というのも男の井戸端会議ではよく聞く本音です。

また、体全体は見えているけど、どこかの旅行のときに撮ったような、バックの景色がメインになった引きすぎな写真もNGです。景色はきれいですが、肝心の本人が見えにくく判断しづらいのです。しかも、写真の画素数がめっちゃ小さいと、アプリによっては指で拡大できひんやつもありますから、見ているほうがストレスを感じてしまうんですね。

では、ここでザッと投稿する写真の地雷を紹介しましょう。

マッチングアプリのNG写真13選

①写真が1枚しかない
②顔が極端なアップ（枠内に収まらないくらい）
③顔がぼやけている
④笑顔じゃない
⑤加工アプリ満載。なにか頭に乗ってます、猫の鼻ついてます
⑥2人以上で写っている写真
⑦風景写真だけで自分の写真はなし
⑧ほとんどの写真でマスクをしている
⑨リクルート写真、バリバリのお見合い写真

⑩写真ごとにイメージが違いすぎて、本当はどんな人か想像ができない
⑪セクシー写真、結婚式のドレス姿、ディズニーランドの耳つき
⑫キャンドルや月光などスピリチュアルなアート系写真
⑬お金がかかりそうな女性をイメージさせる写真

こんな写真、載せるわけないと思うでしょうが、意外と多いのでご注意ください。
少し補足しますね。**笑顔でない写真は、見ている人があなたからの承認を感じとりにくい**です。明るい性格かもしれないけれど、笑っていないだけで勝手にネガティブな印象を与えてしまいますし、なんだか受け入れてもらえなそうだなと感じてしまいます。
つまり**〝イケそうな女性〟に見えないので、一瞬でスルー**されてしまいます。また、自信がありそうにも見えないので、ちょっと重い女性になりそうだなと本能的に感じてしまいます。
複数の人数で写っている**グループ写真がNGなのは、単純にどの子が本人かわかりにくいから**です。なんとなく真ん中の子かな？　と思っても、どれだろうと考える時点でもう見るのがうっとうしくなってくるでしょう。

ユーチューブ動画やティックトックなどのデータでも出ていますが、人は大体、3秒以内でその動画をもう少し見るかどうかを決めるらしいのです。そう考えると、パッと見たときに、いかにわかりやすいか、さらに言うと、相手の負担にならないようにすることはとても大切な要素です。

また、こういう**アプリにまで他人といっしょの写真を載せるのも、やはり自信がなさそう**に思われてしまいます。下手したら、はじめてのデートのときも、友だち連れて来るんじゃないかな？　普通に考えたらそんなわけあるかい！と思うようなことまで、見るほうは邪推してしまうのです。

また、これも男の本音ですが、女の子と仲がよすぎて自分の入る余地がなさそう、というのも、男はどこかあまりいい気もちがしないものなんでしょうね。変な独占欲やし、例にもれず〝イケそうな子〟ではないのかもしれません。

マスクしている写真は、昔はいなかったのですが、コロナ禍からは意外とこの写真が多いのも事実です。雰囲気美人には見えやすいですが、マスクを外した写真を見ると、あれ、なんか思ってたのと違う……ということにもなりやすいです。

マスク写真を見て、よっぽど「この子がいい」と思ってくれたら、連絡が来るかもしれないですが、ほかの女性がみんな顔を出していたら、**マスク姿はリスクがあるぶん、外されてしまうでしょう。**「負けない」という戦略で言うと、危険があります。そもそも、自信がある女性だったら、マスクなしの写真を選ぶよね、とも思われてしまいます。

⑩の「写真ごとにイメージが違う」は、ギャップを見せるという意味ではいいのですが、極論で言うと、ヘヴィメタと着物姿と、登山中のときの写真……のように、「わたしのギャップ、すべて全部見せます！」みたいなのは、やりすぎという意味です。ギャップ萌えは、ここではちょっとでいいのです。

ランク外ですが、**犬や猫の写真も、やめておいたほうがいい**とぼくは思っています。男性側もペットを飼っていたら、共通点があってよさげに思うかもですが、その利点よりも不利な点のほうが多いのです。

これも先ほど言った「自分の入る余地があるのかな？」という心理が働きます。細かいですが、人によっては、「わんちゃんの散歩行かないと」とか「ねこの面倒見ないとダメで」などと言われた過去があり、ペットを前面に出している時点でノイズが走る男性もいます。男性もどこか、ペットのかわいさには勝てないことがわかっているんでしょうね。

「そんなこと言ってもいずれ飼っていることはバレちゃうし！」「昔、飼っていた亡くなったねこちゃんだし！」という女性もいるとは思いますが、いま話しているのは**とにかく会うまでのスモールゴールを達成するために地雷を踏まない**という観点で話しています。なので、会って、彼とデートを重ねたり、おつき合いがはじまってしまったら、その時点ではもう彼はあなたを好きになっているので、ペットを飼っていても問題ありません。

たんに恋愛するのではなく、結婚への門戸を開いていくために、**ペットではなく、まずはあなたに注目してもらいましょう。**

ほとんどの人が地雷を踏んでいる！だから勝てる

今回、この章を書くにあたって、いくつかのマッチングアプリにぼくだけではなく、スタッフにも登録してもらって、写真とプロフィールをかなり多くチェックしてみました。残念ながら、9割近い人が間違った写真を投稿していました。ですから、90パーセントが自滅していることになる。ということは、ここをきちんとすれば生き残れるということです。

みんな意外と男性目線がわかっていません。イメージ写真みたいに風景写真を入れたり、「きれいな満月でした」ってコメントつけて、満月を見ている自分のうしろ姿のアーティスティックな感じの写真を掲載したり……。たしかにきれいなんですが、次につながらないのであんまりよくないです。機会ロスでしかありません。

横顔もダメ、うつむいてるのもダメ。恥ずかしくてもご自身のために絶対正面です。そもそもどういった理由であれ、**自分を堂々と見せない**というのは、出会いを求めているにもかかわらず、**どこか〝来るなよ〟って言われている**ような、相反するメッセージとして感じられてしまいます。そして、そこには自信のなさやネガティブな印象を受けるんですよね。

あまりにもきれいすぎる写りの写真もNG。あとでブーメランになって返って来るので、実際に会ったときの相手の落ち込み度がハンパないです。

笑い話ですが、お見合い写真を元に会うことにした2人が、あるホテルのラウンジで待ち合わせをしていて、お互いにずっと相手を発見できひんかったっていうことが、結婚相談所のお見合いで実際に起きました。

「すみません、いま待ち合わせの場所にいるんですけれど、まだ相手がいてなくて」

と仲人に連絡がきました。すると、相手からも

「いま来たんですけど、いてないんですよね……」

じつは隣におった……というね。

つい自分が見て、いちばんかわいいやつを載せたくなっちゃうので、気もちはわかります。しかし、いくらとりあえず会うというスモールゴールが達成されても、そのあとに続かないことが濃厚となります。なぜなら、不誠実、嘘をつく人、という印象をつくるからです。会っていくら会話が弾もうが、その印象を拭えなくなるのです。

できれば、相談できる本音で話してくれる友だち（できれば男の友人か身内がベスト）に、写真をチェックしてもらえるといいですね。ちょっとくらい**盛ってもいいけれど、いつものあなたっぽい写真**を選んでください。

これもまた余談ですが、ホストクラブ経営時代にぼくはスタッフに写真のことを口

うるさく言ってきました。あまり盛るな！　最初のウケはいいかもしれんけど、席に着いたときの逆ギャップに萎える！　あと絶対に人間性を疑われるからやめとけと。それでも言うこと聞かないスタッフはいましたが、やはりお客さまは長続きしませんでした。写真の掲載の仕方を通して、その中身まで見えるということなんでしょうね。

また、**お金がかかりそうな女性に見える写真もＮＧ**です。

いかにも高級なレストランや高級リゾートで撮ったセレブ的な写真。男性は理屈で考えるので、「きれいだなー、すばらしいなー」ということより、「高いお店とらないとダメかなー」とか「もし結婚したらこれくらいの生活を保障しないといけないのか……」と思ってしまいがちです。

男性にプレッシャーを与えてしまうので、せっかく会いたくても躊躇することも。あなたのなかの思い出としてはいいけれど、ここは個人のアルバムではなくてマッチングアプリ。自然体じゃない場合もあるので、お互いにとってちょっとしんどいです。

とにかく、相手は写真だけを通してあなたがどんな人なのか判断します。オープンマインドで、自然体で正直でちゃんとした人なのかなということを見ています。そして、自分を受け入れてくれそうかどうか。ネガティブな人ではないか。依存体質ではないか、などなど。何回も言うように男はビビりですから。

いろいろと言いましたが、**要は、よく考えたら普通でいい**ということなんですよ。可もなく不可もなくでいい。ところが、アプリでは、普通のことができずに地雷を踏んでいる人が多いのが現実です。

わたしはかわいくないから、ほかの女性のようにきれいではないから……という方もいるでしょう。しかし、だからと言って、堂々と等身大の自分を載せないと、ずっと出会いが生まれないのです。出会いがないのではなく、自信のなさから自ら出会いを放棄している可能性もあるのです。

マッチングアプリは会うまでは数の論理で勝ちましょう。男性登録者のほうが多いので、相手からいかにコンタクトをとらせるかが大事です。たとえ自分がほかの女性より見劣りすると思っていたとしても、男性によってタイプはバラバラですから、いままでお伝えした**普通の写真を掲載すれば、あとは待っているだけで必ずコンタクトされる**ようになります。本当にライバルが地雷を踏みまくっているので、正直、普通にしていれば楽勝で勝てます。

簡単に言うと、**アプリですが、「はじめましての機会」、つまり合コン**

やと思ってください。初対面で、マスクしていますか？　横顔しか見せませんか？　無愛想にしていますか？　もう一度言いますが、男は写真を、しかも3秒で判断するのです。そこを踏まえて、自分に矢印を向けて考えるのではなく、男性目線で普通の写真を掲載してまずは会えるところまでいきましょう。

そうそう。間違っても、隣に写ってるの男性やろ……とわかるような、大きな肩が写り込んだ写真も載せたらあかんです。実際、文句言われた人がいるのでね。

「これ、横に写ってたの、男じゃないの？」って。認めたら次はなかったらしいです。男性は思っている以上に写真を見ているんですよね。

ということで**最初は写真がすべて**なのです。そこでまずは相手にコンタクトをとりたいと決めさせないと、プロフィールまで進まないのです。

負けない戦略。載せるならこの2枚！

では、どんな写真を載せたらいいのか？

お伝えしたように地雷さえ踏まなければ競争には勝てます。ですが、もう1つ差をつけようと思ったら、これをひっくり返せばいいわけです。

写真1枚しかないことがNGなのであれば、2枚以上載せるだけで勝てますし、顔が見えないとか、顔だけのどアップがまずいのであれば、うしろに多少余白を残したピントの合った顔がはっきりわかる写真を載せること。そして全身もわかる写真を載せればいい。2枚以上投稿したいので、**1枚はバストアップの正面向いた笑顔の写真。これはマスト**です。

もう1枚は、ちょっと引きの全身が見えるもの。多少動きがあってもいいですね。できれば、1枚目と2枚目は、ギャップがあり過ぎるのはダメですが、服が変わっているほうがいいです。同じ日に撮ったと思われないためにもね。

POINT

①写真は2、3枚。1枚目はバストアップで自然な笑顔
②2枚目は全身の写真。1枚目とは違う服装で

男はいい子が好きなので、**1枚目は清楚なイメージのワンピース、2枚目にカジュアルなTシャツとパーカー、デニム**などがいいですね。念のため言っておきますが、ゴスロリとか独特のファッションが好きな人は、それが〝ナチュラル〟なのかもしれないですけど、あ、そっちなんや……と思われますのでここでは控えときましょう。あとでいくらでも自分を出せますから、いまは我慢です。

チェックリスト

- □**顔はハッキリ写っていますか？**
- □**全身の写真は入れましたか？**
- □**写真1枚目と2枚目のイメージは多少のギャップ萌えができてますか？**
- □**顔は笑っていますか？**
- □**あなた以外のものが主役になっていませんか？**

写真の投稿欄は3、4枚ぶんあるかもしれませんが、きほんは2枚でいいです。見る人は、1枚目の写真を見て、もうちょっと確認したいから2枚目の写真を見る。これで十分です。ほかにもアピールできそうないい写真があればもう1枚くらい。ただし、3枚目以降にケーキとか風景とかギターの写真とかはいりません。

いろんな写真を入れて会う前から下手なバイアスをかけるのは不要です。できるだけ不特定多数にアプローチすることがいちばん大事です。自分を表現したいという気もちを抑えて、**多くの男性からコンタクトをとるという戦略指標**のために、多くの人にウケる自分でいてください。そのなかから、あなたが会いたい人だけに返信して実際に会うのですから、**分母は多いにこしたことはない**のです。

最初のゴールは会うこと。料理好きとか、乗馬やりますとか、バイクに乗りますなどの**自己表現は、会ってからすればいい！** と思ってください。そうすることのほうが、**会ったときのギャップであなたの魅力に**なります。最初からすべて見せてしまうと、もしかすると勝つ要素になるかもしれないけれど、イチかバチかになるときもある。まずは負けないことが大事です。

アプリのOK写真

2枚目

カジュアルな服装で全身

1枚目

清楚なワンピースで
笑顔のバストアップ

アプリのNG写真

1枚目

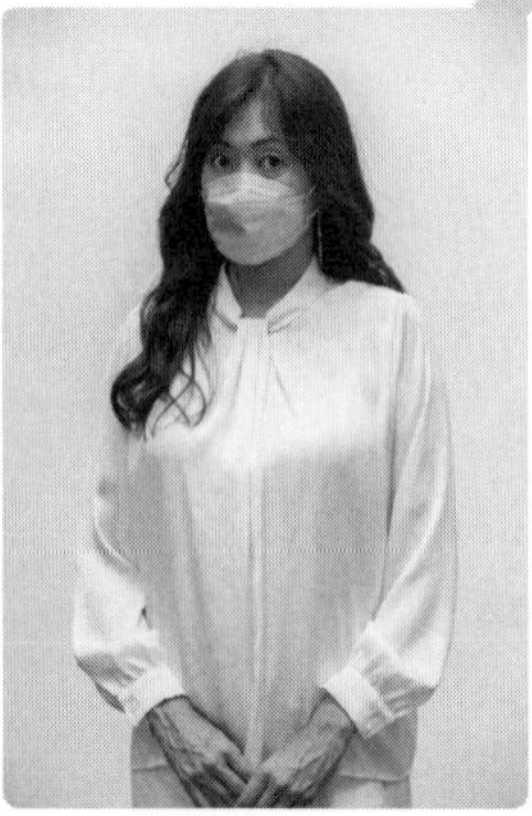

服装はキレイめだけど
なぜかマスク

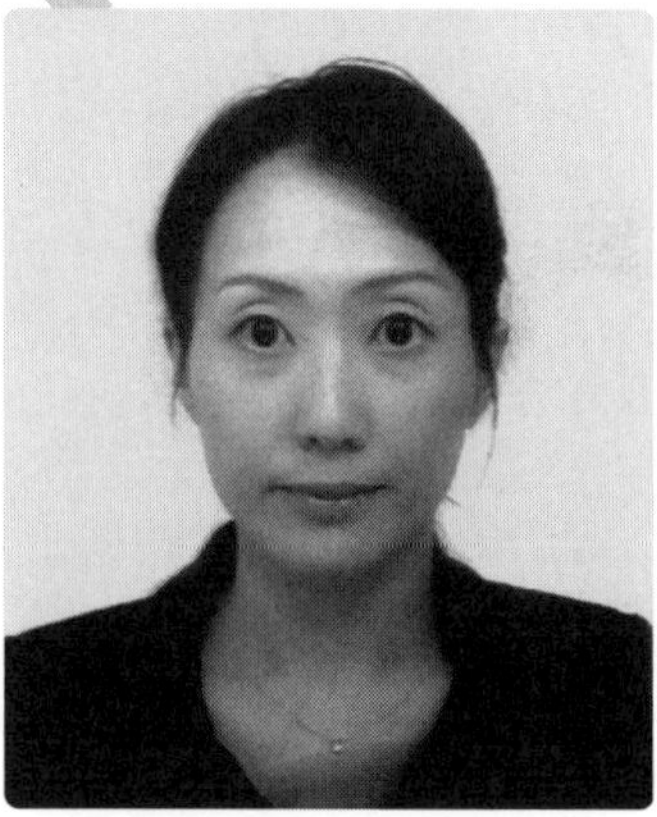

ぼやけた証明写真

アプリのNG写真 2枚目以降

アーティスティックすぎる

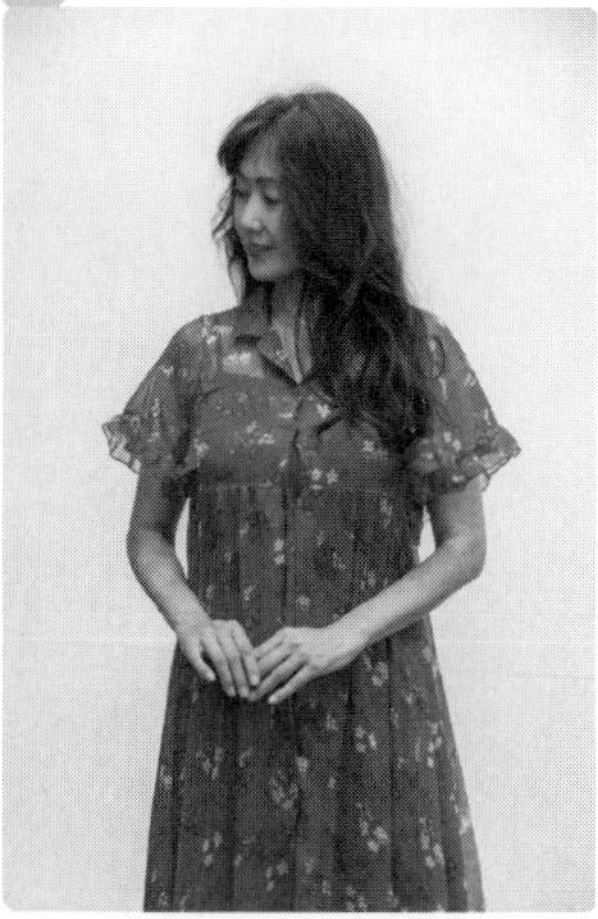

目線を外していて
表情がわからない

どれが本人かわからない

背景にクルージングという
高級感

写真をパスしたら、次はプロフィールで差をつけよ

写真で選ばれたあとは次はプロフィールで差をつける。

驚くことに、プロフィールの記載がない女性もいます。これはもう大きなＮＧポイント。写真という入口で目を留めたら、男性の次の行動は必ずプロフィールを見ます。そこで簡潔にわかりやすくあなたの魅力をアピールし、「この女性と会いたい！」と思ってもらうのが王道です。

ちなみにプロフィールがめちゃくちゃ短い人や、その逆でめちゃくちゃ長い人もいますが、まず**短いと人間性が見えずに信頼されません。**あるいは「この人は実在するの？」とせっかく写真がよくても、次につながりません。

また、**長すぎると「自己アピールが過剰だな」**と思われ、「重いのかな？」「焦ってるのかな？」と思われたり、「男性へのこだわりの条件も多いのかも」と思われて敬遠されることもあるので、気をつけてくださいね。そもそも長文だと読まれなかっ

たりします。相手に負担なくわかりやすく読んでもらうことを前提に書きましょう。

また、「理想のタイプは、仕事は公務員の方、身長175センチ以上、スポーツをしている方がいいです」などと、プロフィールに好みのタイプを書くと、選んでいる感が前面に出てしまい、お高くとまっているように見えるのでNGです。

最初はとにかくプロフィールと写真で多くの男性を惹きつけるのがポイント。まずは分母を多くしないとダメなので、**のっけから来る男性を選別しよう、好みの男しか来るな！　というスタンスではあかん**のです。

最終的には好みの男性とだけ会えばいいし、選択権はこちらにある。最後にはあなたが選ぶのですから、プロフィール上はたくさんの男性に選んでもらえるようにしましょう。失礼と思うかもしれませんが、気に入らなかったらメッセージすら返さなくてもよいのです。どうせ男性もこの時点では多くの女性にたくさんメッセージを送っていますし、返信がないのが普通なので、あまり気にしないこと。ですから、入口は広く浅くが王道です。

おススメは、5人くらいの男性と同時にやりとりをして、そのなかから選んでいくこと。好みの男性もそうでない人もできるだけ多く集める。

〝数は力〟ですから、数多くコンタクトが来れば、当然、好みのタイプもそのなかにいる可能性が大きくなるということです。うっとうしいと思ってもたくさん集めてくださいね。

また、自分のことを早くわかってもらおうという気もちから、**好きなものやハマっていることをアピールするのもやや性急**です。プロフィールでアピールするのではなく、やりとりするなかで少しずつわかってもらえばいいのです。とくに、「BTSにハマってます！」とか、男性アイドル推しはもっとも引いてしまいます。

好みのタイプを書くまではいかなくても、あまりに自分のことを断定的に紹介するプロフィールは、読んでいる側からすると、「あなたに合わせるつもりはありません」という主張にも見えます。「このままのわたしを受け入れるか、受け入れないか。最初に決めてね」というね。気もちはわかるけれども、元来気が弱い男からしたら、ちょっとしんどいのです。最終的にはそのままのあなたを受け入れてもらえばいいので、何度も念押ししますが、この段階では、自己アピールしすぎないようにしましょう。

文章は基本的には〝普通の日本語〟で書きましょう。サービス精神からか、全部ビックリマークがついていたり、絵文字満載の人もいますが、それはやめましょう。

男心を踏まえたベストプロフィールはこれだ

では、プロフィールの参考例を紹介しましょう。

プロフィール例

プロフィールを見ていただきありがとうございます。都内で事務をしている井上敬子と言います。けいちゃんと呼んでもらえるとうれしいです。アプリははじめて登録します。正直言うと前は少し怖かったのですが、友人がここで彼氏ができたというので、少し勇気を出して登録しました。ちょっとだけ人見知りなところもありますがせっかくなので、楽しく会話ができればいいなと思います。よければ気軽にメッセージいただければ光栄です。ありきたりですが読書が好きなのと、料理は得意とは言いませんが一生懸命つくるようにはしています(^^)どうぞよろしくお願いします。

（260文字）

こんな感じです。見てわかるように本当に可もなく不可もなくの、普通のプロフィールです。でも本当にこれでいいのです。細かな言い回しや、職業などは変える必要がありますが、基本はこれだけ。あとは男性からのメッセージを待つだけです。

ちなみに、待つだけでなく、もう少し積極的にいきたい場合は、アプリにも「いいねボタン」みたいなのがついているのもありますから、**この男性はいいなーという人にはボタンを押していくのもアリ**です。そしてより男性からメッセージをしやすくしておいて、あとは同様にそこからあなたが選べばいいのです。

このままテンプレで使っていただいてもいいのですが、少しアレンジして使う場合、あるいは、あなたがプロフィールを書くときの目安として、プロフィールのポイントを補足しておきますね。

まずは**「わたしのプロフィールを見ていただき、ありがとうございます」**。

この一文はあったほうがいいでしょう。感謝と謙虚さが出てめちゃいい子に思えますよね。ほかの女性ととても差が出ます。マストです！

加えて、NGをひっくり返したらOKになるので、1つずついきます。

文字数は多すぎず、少なすぎずということで、多くても400文字以内を推奨しています。**適切なのは250～260文字**ぐらい。

ふわっとしたメッセージでいいんです。人間味を出すために、多少のマイブームや趣味を入れるのもいいですが、書きすぎない。最後にほんのちょっと、箇条書き程度に入れておくといいでしょう。

おすすめは、料理、スポーツ観戦、映画鑑賞、読書、ヨガ、ゴルフなど、よくみんなが書く一般的なものでいいです。しかも**「最近興味をもっているのは、ゴルフ」とか「キャンプに興味津々です」このくらいでいい**です。**「最近ゴルフにハマって週1でラウンドします」→これはぎりアウト**ですね。

ここまで「ハマっている」と、そこそこしかゴルフをしない男性には、自分は負けちゃう＝いいところが見せられない。ということはこの女性にはモテない、と瞬時に理屈脳が考えるのです。せっかく共通項があった男性と距離が縮むどころか脅威に感じて知らないうちに離れられてしまうことも。なので最初の例のように、さらっと触れるくらいだと、**臆病な男性も〝あ、まだそこまで極めてないのね〟と思えて近づきやすくなる**のです。

異性関係に対して好意的だし、門戸を開いていて、お金もそんなにかかりそうにない。しかも常識人で癒やしや安心感を与えてくれそう。なんかいい子そう。こういったことが伝わるのが大事です。

職業の欄は、働いている場合はきちんと書いておいたほうがいいです。

「大阪市内で日用品メーカーに勤務しています」「〇〇県で保育士をやっています」こんな感じですね。無職や休職中で働いていなければ、この時点ではあえて触れないのがいいでしょう。

アンケート調査などを見るとわかりますが、昨今、経済的な不安なのか、男性は、結婚相手に共働きを求めている方が多いのです。そのため、本当に結婚したあとも共働きをするかどうかは別として、会う確率をあげるという意味では、きちっと仕事をもっている女性は1つの安心要素になります。

女性もそうだと思いますが、**男もやっぱりどこか疑っている**んですよね。マッチングアプリでの出会いを。「サクラじゃないか？」とか、「金目当てじゃないか？」「変な人が来るのでは？」「嘘ばっかり書いてるんじゃない？」「パパ活なんじゃないの？」みたいな。そこを**払拭するのが、プロフィール**です。

なので、ちゃんとした職業についている、働いていると具体的に書いてあるほうがいいです。さらに言うとそこから**「なぜこれまで出会いがなかったのか」まで触れられるとより説得力が出る**かもしれません。

アンダードッグ効果で コンプレックスを逆手にとる

「なぜこれまで出会いがなかったのか」について、ちょっとだけテクニックを使うのなら、アンダードッグ効果を入れるといいでしょう。

直訳するとかませ犬効果という意味ですが、人は**不利な人に手を差しのべたくなる心理**が自然と働きます。たとえばアメリカの大統領選などで、状況的に不利だとされる候補のほうに票が集まったり、ボクシングの世界戦で、環境的にも経済的にも恵まれず、トレーナーなしで這いあがってきた、チャンピオンとは実力差のある挑戦者を応援したくなったりするのもこの心理の1つです。**普通の人よりハンデを背負っている、不遇であるという状況の人を人は応援したくなる**のでしょうね。

ぼく自身もホスト現役時代から集客用のプロフィールでこの手法を使っていましたが、本当に効果があります。もちろん、嘘はダメですが、もしぼくがいまホストとしてマッチングアプリに登録するとしたら、「ホストやっています。仕事には誇りをもっているので、自分をわかってくれる人とお知り合いになりたいです」、これも悪くはないですが、アンダードッグ効果を入れるとこんなふうになります。

「ホストというとみなさまイメージが悪く、営業されると思われてほとんど誰もメッセージを返してくれません。偏見もあるのかなかなか素のぼくを見てもらう機会がありませんので、よければいち人間としてやりとりしてくれるとうれしいです」

「女性のお客さまと知り合う機会は多いですが、休みもほとんどないので、プライベートでの出会いは意外とありません。女性の敵……と思われているのでまともに向き合ってくれる女性が少ない職業ではありますが、よければ会ってもらえませんか？」

いかがでしょう。手を差し伸べたくなる心理、おわかりいただけましたか？

また、少し話はさかのぼりますが、たとえば、あなたがどうしても写真でなかなか自然に笑えない、笑った写真が見つけられない場合は、このアンダードッグ効果を入れながらプロフィールでフォローするということも可能です。

アンダードッグ効果で写真をフォローする

「写真だと緊張しちゃって、なかなか自然な笑顔になれません……。なので写真でいつも男性に敬遠されてしまうのですが、友だちからは、明るい性格だとは言われます。そんなわたしでよければ会ってくださるとうれしいです」

「見た目のせいかキツイ性格と思われて、なかなかご縁につながりません。でも、自分で言うのもなんですがとても平和主義な性格です(笑)。どうぞよろしくお願いします」

写真でプロフィールを見てもらう確率は低かったとしても、見てくれた人は、こんな正直なプロフィールに「連絡してみようかな」「会ってみたいな」と思うものです。それどころか「え、そんなに見た目、きつそうと思わないよ」と、むしろ好意的に受けとる人もいるでしょう。それくらいアンダードッグ効果は使えるのです。

コンプレックスも自分から最初に書いてしまうのがおススメです。

コンプレックスを逆手にとる

「人見知りなところがあるので、最初は緊張してメッセージのやりとりもぎこちないかもしれません。でも、自分なりに一生懸命お返事したり、もしもお会いできたら会話もがんばるので、よろしくお願いします」


こんなふうに言われたら、アンダードッグ効果も重なって、「全然大丈夫だよ！俺からしゃべるし！」とウキウキしてしまう男性も多いでしょう。

繰り返しますが嘘はダメなので人見知りじゃないのにこう書くのはNGです。

以前、ぼくのセミナーに弁護士の女性が参加されたことがありました。ほかにも、女医さん、会社役員、国の省庁にお勤めのいわゆるバリキャリと言われる方もよく参加されます。そういう方は男性からはちょっと引かれてしまうことが悩みの1つなのですが、これもこのアンダードッグ効果を使ってうまく書くことが可能です。

敬遠されがちなバリキャリを逆手にとる

「弁護士という肩書のせいなのか、なぜか男性の方から敬遠されることがたびたびです。忙しく、出会いの機会に恵まれませんでしたが、楽しさを共有してくださる方と知り合えたらと思って登録しました。よろしくお願いします」

「会社経営をしているので、いつも男性にあなたは1人でも大丈夫なのでは？　という扱いをされてしまいます。仕事とプライベートは別なので、いち女性として見てくれるパートナーがいればいいなと思います」

「国家公務員のせいなのか、堅物だと思われてしまいます。でも、普段は笑うことが大好き。まずはお友だちからはじめていただけたら……」

こんなふうにひと言触れておくと、男性もグッとメッセージが送りやすくなります。

もう少し深い話をすると、ぼくのところにはシングルマザーの方も相談にいらっしゃいますが、これも隠すよりは最初から言ってしまったほうがよいと伝えます。

分母を多くできないいんじゃないの？　と思うかもしれませんが、お子さんがいらっしゃる場合は、正直、男性は受け入れられる人と受け入れられない人がはっきりしています。ですから、男性と会ってから受け入れてもらうことにパワーを割くよりも、分母は少なくなっても、最初からそれは気にしないよという男性と会ったほうがいいとアドバイスしています。

最初からわかってもらって会ったほうがあとで真実を伝えるよりおつき合いできる確率があがるからです。例外ですが該当する方は覚えておいて損はないと思います。

つまり、どうしても隠したいことは別ですが、自分がコンプレックスだと思っていることや人とは違うなと思うことは、逆に活用したほうがいいということです。

アンダードッグ効果の最後の例ですが、たとえば看護師さん、保育士さんという職業は昔から男性ウケするお仕事の1つです。ぼくは仕事柄、そういう女性ともたくさん会ってきたので実情は知っていますが、一般的な男性は、勝手に聖母マリア的なイメージをもっているのでしょうか、人によっては憧れの仕事にもなっています。

そして、そういう人がマッチングアプリをやっている場合、この人は実在するのだろうか？　とすら思っている男性もいます。そういうときも、「休みが不規則なので、男性に理解されずに嫌がられることも」とか「職場は女性と子どもしかいないので出会いがありません」とひと言入れるだけで効果は絶大。**「あ！　だからアプリやってるんだ！」**となりますし、正直なその安心感が大事なのです。

そして、ゆくゆくは結婚でいいんですが、最初はあまりにもガチで結婚したいんですというのは出さずに、**「お友だちからはじめましょう」**というぐらいのスタイルのほうが、よりハードルが低くなりますね（アプリによっては結婚したい人のみというのもあるのでそれらは除きます）。ここまで読んでもらって理解してもらえたかもしれませんが、ほんまに、よう考えたら、ほんま普通で勝てます。

意識してほしいのは、女性らしさ、上品さ、癒やし、安心感、いい子そう。そこに人間味というか、ちょとしたゆるさ、隙をつくることを意識してみてください。そこに男性が素直さ、正直さを見いだして高評価になります。

「休みの日に吉野家に行ってくれる人」

人間味、隙についてもう少し詳しく説明しましょう。

婚活セミナーに参加した女性で、アプリのプロフィールの理想の男性の欄に、「休みの日に吉野家にいっしょに行ってくれる人」と、セミナーで伝えた通りのことを書いてくれた人がいました。

本人はなんでこれが男性ウケするのか、注目されるのかなんてわかっていなかったかもしれませんが、とにかく言われたことは実践してみる！　という姿勢で臨んでいたのです。その結果どうなったか。詳細は割愛しますが、前作『シークレット婚活塾』を熟読して、しばらくして幸せなご縁をつかみました！

別に、吉野家でなくてもよいのですが、このひと言をプロフィールに載せるポイントは、男性に**「そんなにハードルが低くていいの？（金銭的な意味で）」**と吉野家さんには悪いですが安心感をもってもらうことです。ほかにも屋台村とか立ち飲み屋でもいいですね。

男性が食事やデートに誘うときに、張り切らなくてよくなるのでとてもありがたいです。実際には、吉野家ではなく違うところに連れていってくれますからご安心を。またそこに行かなくても、話題にもなりますし、吉野家や立ち飲み屋とかでいいと言うと、なんとなく「いい子っぽい」ですよね（笑）。

実際に理由を聞かれたら、**「女性1人では行きにくいから、いっしょに行ってくれたらいいなと思って」**「お互い力みすぎない関係がいいかなーと思って」などと返しましょう。

まったく思っていない場所だと嘘なのでそれはNGですが、大切なのはそういうゆるさをもっていると男性の緊張感がぐっと下がるのです。それで本当にずっと安いところばかりしか連れていかない男性はどうかと思いますが、何度も言うように、男性にいい子と思われるとお誘いが増えます。

繰り返しになりますが、マッチングアプリの最初のゴールは、相手と実際に会うことです。そのためには、地雷を踏まない、負けない戦略をとることがとても重要になります。まず、男性が画面をスクロールする手を止めないとあかんのです。女性の写真がいっぱい並んでいるわけですから。ですので、1枚目の写真にしっかりとあなたの笑顔を掲載します。

男性が「おっ」と手を止めたら、当然、2枚目を確認するはずです。

2枚目の写真は、あなたの全身です。ここで、ほかの女性とは大きく差がつきます。なぜならマスク姿でも、うしろ向きでも、シルエットでもない写真が掲載されている＝信頼と安心感が生まれるのですから。

つぎに、あなたのことをもっと知りたくなってプロフィールを見ます。そこには、多すぎず、少なすぎない量で、あなたのことを的確に記したプロフィールが読める。プロフィールの最後に、「理想のタイプ：休日にラフな格好で牛丼を食べに連れていってくれる人」などとあったら最高です。

いかがですか？　実感はないかもしれませんし、信じられないかもしれませんが、これで**ほかの女性よりもすでに7割先を行っている**と思っていいでしょう。ここまですべて男性目線で伝えましたので、あなたを見た男性は間違いなくメッセージを送りたくなるし、あなたからメッセージを送ったとしても、相手があなたを確認する順番はいっしょですから、高確率で返信が来ます。

いい子だと思われたら、ずっとそんな女性でいないといけなくなってしんどい、と思うかもしれませんが、あとでどうにでもなります。前作の『シークレット婚活塾』にも書きましたが、男は好きな女性に貢献欲求というものが出てきます。

ですから、つき合ったあと、あるいは男性があなたを好きになってくれたら、相手の思ういい子ではなく、むしろあなたのしてほしいことや自分をどんどん出して、少しくらいわがままな女性になってください。そうするほうが男は活躍できて貢献欲求が満たされもっと好きになってくれるし、あなたもずっといい子にしてなきゃというプレッシャーから解放されるでしょう。

というわけでこの時点ではあとでどうにでもなる、と思って安心してぼくの言う通りにことを進めてくれたらと思います。相手からどんどん積極的なメッセージが来るでしょう。そのなかからいちばんいいなと思う方と会えばいいのです。

また、場合によっては、男性からのメッセージを待つだけでなく、**好みのタイプはあなたから誘ってみてください。**というか、もういまの時代、どんどん女性から誘ってもいいと思っています。男性は気が弱いところもあるので、むしろそのほうがうれしい人も多いのです。

自分から誘うのは、自分の価値を落としてしまうからと、消極的な人もいますが、まずは会う！　会ってから正しいコミュニケーションをとって、自分の価値を高めればいいのです。男性から誘われないかぎり会いません、という「小さな勝ち」にこだわっていると、相手に好きになってもらって幸せな人生を歩むという「大きな勝ち」を逃す場合がありますよ。

気になる彼からデートに誘ってもらう

以前、ぼくのところにこんな相談がきました。

相談主は、友人に婚活アプリをすすめられた31歳の女性。気になる男性がいるようなのですが、なんとメッセージを送ったらいいのか、どうやって会うところまでもっていくのか、さっぱりわからないとのこと。

友人に聞くと、「ノリで誘っちゃえば?」と言われたのですが、「ノリって言われても……」と困惑していました。

男性も緊張するものですが、女性からいきなりデートに誘うのは、勇気のいることのようです。ですので、**会話の流れのなかで〝自然に〟会うことに同意してもらう方法**を紹介します。

まずはメッセージのやりとりから**下準備をしていきます。仕込みですね**。

まだあまり親しくない人ややりとりをはじめて間もない相手からいきなり「会いた

い」と言われても、男性とはいえ警戒します。相手に警戒心を解いてもらうためにも、普段から、以下のようなメッセージを心がけてください。

"自然に"会うことになるための仕込み

①彼の趣味や興味のあることに関心をもつ

「それってどういうことですか?」「いつからやっているんですか?」などと質問をしてみるのもいいでしょう。

②過去の仕事の実績や趣味における功績を聞き出し、称える

0時限目で紹介した「としこの法則」と「すなおの法則」も参考にしてください。

③好きな場所、好きなモノ、食べものなどを聞いておく

相手の話に耳を傾けるところから、さりげなく聞くのがコツ。「よく行く場所はありますか? 好きなアーティストはいますか? おススメのお店はありますか?」など。尋問のようになってはいけないので、1回のメッセージに1つの質問にしてください。一問一答形式がきほんです。

人間には、自分のことを知ってくれている、褒めてくれる人に自然と気を許すという心理があります。まさに居場所ができるのです。あなたが彼のことを知り、毎回なにかしら認めたり褒めたりしたなら、相手の気もちは少しずつオープンになっていきます。つまり、**誘うのはあなたでも、その時点で相手がすでにあなたに会いたくなっていることがとても大切**です。

また、相手の好きな場所やモノ、食べものなどをさりげなく聞いておくのは、彼を誘い出しやすくするためです。当たり前ですが、あなたがやりたいことや行きたいところに誘うよりも、相手の人がそもそも興味のある場所や食べたいもののほうが、相手が乗ってきやすいものです。

最終的には、彼を「無理にデートに誘う」という感じではなく、「わたしに会ってください」「あなたに会いたいです」というあらたまったデートでもなく、**「彼がやること、行きたいところについでに便乗する」という感じ**です。そのほうが彼のホームに行く感じになるので、より出てくる可能性が高くなるのです。

下準備が整ったら、あとは手順通りにことを進めていきます。ポイントは彼とのメッセージのなかで、もっとも盛りあがったとき、彼のテンションが高いときに、会う約束をとりつけること。あとになって約束を取りつけようとしても、少し冷めている場合もあるので、会話のピーク時に確約させましょう。

また、会話が盛りあがる相手とは楽しいのはもちろん、居心地がいいし、相性のよさなどを感じたりもします。そんな相手だと、食事や飲みに行ったりしても楽しい時間が過ごせそうな気がしますよね。

たとえばこんな感じです。

〝自然に〟会うことになるための会話

あなた「この前言っていた、安くておいしいステーキ屋さんってやっぱりいまだに人気ありますか？」
彼「うん、毎日混み合っているみたいだよ」
あなた「それだけおいしいってことですね！」
彼「この間も行ったけど、やっぱり外さない！　おいしかった！」
あなた「いいなぁ。いつかわたしも行ってみたいです」
彼「じゃあ今度よければ行ってみる？」

あなた「本当ですか！　ぜひ!!」

彼の大好きな食べものの話をきっかけに話を盛りあげ、ピークのときに便乗する。こういう会話の運び方だと、好きな場所、好きなアーティスト、趣味、好きなバー……などなど、いくらでも応用がききますね。**1回で無理な場合は、それ以上押さなくていい**です。また別の機会に同じような会話のなかでチャンスを見ておけばいいだけですからね。

しかも5人同時進行でやっておけば、すぐに相手が乗ってこなくても、執着してませんから、気にもならない。あまりわたしのこと気に入ってないのかな、などと傷つかないという利点があります。

それを繰り返していれば、むしろ、どの人とデートしようかな、とあなたが選ぶ側に必ず立てますから、そうなったらさらに焦らなくなって、好循環になります。**いろんな男性と会えば会うほど、**男を見る目も養えるし、コミュニケーションの練習にもなるので、**いいことずくめ**です。最終的には1人に絞り込みますが、まだこの段階では、見定めずにデートや会話を楽しむ程度の心がまえでいくほうが、あとあと彼氏ができたり、結婚が早まったりするので、まずそこを目指していきましょう。

繰り返しますが、**ポイントは、彼が乗ってきたとき、会話のピークに便乗すること。**

察するのが苦手な男性には直球で

万が一、最初の「行ってみたいです」で、向こうから「行こう」とならなくても、がっかりしないでください。

男性のなかには察することが苦手な人も多いです。「行ってみたいです」という言葉を聞いても、〝ああ。きっと女友だちと行ってみたいんだな〟と、受けとる人もいるのです。

たとえば、女性がよく使いがちな次のフレーズを見てください。

「決まっていた予定が無くなっちゃったんです……」

「最近は暇なんですよね」

「今週末することがないんです……（チラッ）」

このような**回りくどい言い方をしても、男性はピンとこない**ことが多いです。

「そうなんだ。それは残念」のように、誘われていることに気がつかないケースもあります。あまりにも気がつかないので、女性がふてくされたり、「なんて鈍感なの！」と怒りムードになると、場合によっては、「彼女がなにを言いたいのかわからない」「普通の会話のなかで彼女が突然不機嫌になってしまった」と悩む男性もいます。そうなるとあなたと会話をすること自体、彼にとっておもしろくないものになってしまいます。

そういう男性も一定数いるので、そこは、男女の絶望的な差だと理解して、相手に「察してほしい」と期待しないこと。

「連れていってほしいです」

「ぜひ、案内してください」

とハッキリ伝えるのがコツです。

それでも会話でなかなかうまくピークにもっていけないという場合は、これはもう無理にそうしなくても、あなたからより積極的にアピールしてみましょう。アプリ内で写真の送受信が可能であれば、その機能をうまく活用するのです。

彼が好きそうな料理やお店のスクショを送り、**「よかったら、コレ食べに行きませんか？」**と率直に気もちを伝えます。もしも「いいですね」「行きましょう」などと**乗ってくれたら、すぐに日程を決めてください。**

ほかにも、相手が好きそうなイベントの写真、おもしろそうなスポットの写真などは、誘い出すいい口実になります。

写真はワクワクするイメージをもちやすいので効果的です。

写真が送れない場合は、文章で伝えてもいいし、サイトのURLを送るのもいいと思います。最初は乗ってくるのを待つ、乗ってこない場合はそこに行きたいとハッキリ伝える。それでも無理な場合はこちらから具体的にここに行きませんか？　と誘う。この3段がまえで、男友だちをたくさんつくりましょう！

モテすぎたときの対処法とNG男子

プロフィールと写真を整えるだけで、あなたが受けとるメッセージは格段に増えます。

あまりにもメッセージが多くなってきたら、やっぱり自分が気になる相手とだけやりとりをしたいという気もちになりますよね。または、何度かのやりとりのあと、なにか違うな？　と感じることもあるでしょう。

この本に書いてある通りのことをやってもらうと、早い段階で相手があなたに夢中になっている……ということも起こります。つまり、**相手が簡単には諦めてくれない**のです。完全に無視できる強靭な気もちをもっていれば放っておいていいのですが、なんだか悪いなと思う女性には、時期尚早かもしれませんが対処法を伝えておきます。

その場合、まずは、返信のスピードを落とすところからはじめてください。どこかでフェードアウトせなあかんので、その準備ですね。

これまで24時間以内にリプライしていたとしたら、2日あける、3日あける。そうやって少しずつ頻度を減らしていけば、男性もテンションが下がり、つまらなくなるので、あるところで諦めます。

それでもなかなか諦めない相手は、フル無視するのは危険です。まず、「忙しくてメッセージあまり見ていませんでした。ごめんなさい」「繁忙期なので、またこちらから連絡させていただきます」と言って、さらに返信の速度を落とします。

それで気づく人が半分。それでもまだ夢中な人には、さらに「来月まで忙しいのでそれ以降……」とか、自分だけの予定ではなく、仕事や家族などの都合次第なので決められませんというように、段階を踏んでフェードアウトしてください。メッセージをまったく返さないフル無視は最後の手段にしておきましょう。

もちろん、あまり長くやりとりをしないうちにお断りしたほうがいい相手もいます。当たり前ですが、御礼やあいさつがない人。「はじめまして」「○○と言います」「メッセージありがとうございます」「お返事ありがとう」などもなく、**「顔、タイプなんだよね、会わない？」というアプローチをしてくる男性**は、どれだけタイプでも最初の段階でやめたほうがいいです。

言い方は悪いですが、手っとり早い相手を探しているということ。いわゆるヤリたいだけ。真のパートナーを探しているわけではないのです。不特定多数に大量のメッセージを送って、返信がきた女性だけでいいやと思っているので、それこそフル無視でいいです。相手もなんも傷つきませんから。

男なのでヤリたいという気もちはあったとしても、少しでもその女性と真剣交際を視野に入れているなら、相手の女性によく思われたい、嫌われたらイヤだなという気もちが働き、男性もきちんとステップを踏んできます。なので、こういう輩は絶対に相手にしないほうがいいでしょう。

会ってはいけない男性の特徴6選

婚活アプリにも結婚詐欺みたいなやつはいます。「結婚を前提に真剣に考えています」とか「あなたを見てすぐに決めました」「あなたしかいません」など会ってもいないのに、あからさまに**〝結婚〟をチラつかせて近づく男もまた気をつけたほうがいい**です。

「ロマンス詐欺」という名前で最近は知られるようになりましたが、ぼくの知人の友人がこの手口でやられてお金までとられました。あまりにもひどいので、ほかの女性たちが同じ被害に遭わないように大阪のニュースで報道してもらったくらいです。

ここに書いているのを見て、通常はそんなのに騙されないと、みなさま考えるかと思います。しかし、女性の気もちが焦っているときは、ああ、こんなに真剣に言ってくれるのならまっすぐでいい人かもしれない。この人だったら結婚前提に考えてくれる。わたしの夢が早くに叶う。と、**疑う気もちよりも信じたい気もちが上回ってしまう**のです。

重要な見極めポイントは「結婚を口に出してくるタイミング」と「金銭のやりとりを言ってくるか」だけです。会う前に結婚を口走っているのか？ 会ってお互いのことをちゃんと知ってからの結婚の話なのか？ たとえ会ってからでも、結婚するには、借金を返さなければ、とか、事業に苦しんでいてという話をしてきていないか、などです。女性はどうしても情に流されやすいので、こういう話がきたら**自分で判**

断せずに第三者に必ず相談してください。

そもそも**結婚を真剣に考えている人はやたらに〝結婚、結婚〟と口には出さない**ものです。

段階を経てそういう話をしてくるのはいいですが、結婚はあくまで双方の同意に基づくもの。百歩譲って本当に結婚相手を探していたとしても、それはその人の都合です。あなたのことを考えているわけではありません。自分にしか矢印を向けていない人とは、絶対にうまくいきません。これは相手だけでなく、あなたにも同じことが言えるので気をつけましょう。

以下、いくつか注意ポイントを箇条書きにしました。結婚詐欺とまではいかなくてもつき合わない、会わないほうがいい男性の特徴です。

会ってはいけない男性の特徴6選

- 最初からタメ口。「すぐ会おうよ」「タイプなんだ」「〇〇すればいいじゃん」。
- 夜中にしかやりとりがない。忙しいとはいえ非常識です。妻や恋人がいる可能性もあり。

・土日の返信が遅い。これも既婚者であったり家族がいたり、特定の相手がいる可能性も考えられます。

・「いまから会おう」と急に言ってくる男性。性衝動にかられて、かたっぱしからメッセージを送っているタイプです。ちゃんとした相手を見定めるなら、**会うのは彼の「都合よくあいている時間」ではないほうがいい**です。相手は忙しいかもしれないけれど、少しでもあなたを大切だと思っていたら、お互いにスケジュールを合わせ、きちんと時間をとってもらいそこで出てくる人にしましょう。

・デートの日程に選択肢を用意しない。あなたの都合を考えず、「この日なら会えるよ」**「2時から5時はどう？」など、終了時間まで決めている。**しかも、ランチでもディナーでもなくティータイムオンリー……。自分勝手すぎるので、つき合っても苦労しかしません。

・プロフィールやメッセージにめちゃくちゃ権威づけする男性。権威づけとは、つまり自慢野郎のこと。**「東大卒の元官僚です」**「〇〇さんとつながってます（有名人）」「こういう車乗ってます（スーパーカー）」これらはもちろんNGなのですが、やっちゃう男性がいます。そのほうがモテると思ってたり、謙虚さがない。注意ポイントは、あなたの役に立つ、あなたが喜ぶと思って言っているかどうかを見ること。ゴルフですごいスコア出したこととか、**ムキムキの写真を送りつけてきたり**など、あなたが望んでいるわけではないですよね？　その場合、矢印が自分にしか向いていないので、どんなにタイプでかっこよくても、プラスにとらんほうがいいでしょう。

男性は女性とは違って、きめ細かい作業が苦手です。やるとしたら自分を大きく見せることだけです。なので写真も、男の場合、わざわざ撮る人は少なく、そのへんにあった写真を投稿したりします。

写真やプロフィールを鵜呑みにしないこと。嘘やはったりの場合もあります。それを事前に見抜くのは難しい。メッセージのやりとりを3回から5回くらいは繰り返すなかで、あなたが冷静にその誠実さや人間性を判断して選ぶしかありません。その際に先に**こちらが好きな気もちが増している状態だと、信じたい気もちが強くなり判断がブレます。**

5人同時進行は鉄板のルールですよ！

5
時限目

「条件つきの彼」の攻略法

略奪

彼女がいる男性のほうが落としやすい

略奪愛を、ぼくは推奨しているわけではありません。

ただ、あなたが好きになった人に、すでに彼女がいる。あるいは、彼に片思いの好きな人がいる。そんな状況は、いつの世にも存在します。これはもう、しょうがない。

そのときに諦めるのか？　それとも可能性にかけるのか。無理やり奪うということは選択せずとも、彼はいまのパートナーや好きな人との関係がうまくいかず、もしかすると、**あなたといっしょにいるほうが彼が幸せになれるかもしれない。**

そのときに使ってほしい手法です。

「彼女がいる」とか「つき合っている人がいる」と聞くと、「ああ。やっぱりね」とあっさりと諦めてしまう人が多いのですが、じつは〝誰ともつき合っていない〟人のほうが難しいかもしれません。恋愛には意識が向いてない可能性があるし、クセが強くて女性とつき合えない男性かもしれないからです。そういう意味では、諦めずにチャレンジするのもいいと思います。

ぼくの経験からすると、中長期戦で見た場合、**彼女がいる男性や片思いしている彼のほうが落としやすい**です。

1つは、そもそも恋愛に前向きな姿勢をもっているので、なかなか人に興味をもてない、人を好きにならない、なんだったらどうやって恋愛すればいいかわからない……という理由でパートナーがいない彼よりは、よほど可能性が高いから。もう1つの理由は簡単。彼女がいるからです。**彼女があなたとの比較対象になる**からです。

つき合う前、もしくはつき合いはじめは、男も女も気が張っていますよね。相手のことを知ろうと一生懸命です。「恋は盲目」などというように、ラブラブのときは相手がなにをしても、ほんまにその人しか見えません。なんなら相手の全部が好き！とまで言える。

でも、つき合って深い仲になると、お互いに張っていた気がゆるんで、どんどん緊張が抜けていきます。いいことでもあるんです。いっしょにいてリラックスできる相手になるわけですから。〝慣れ〟ることのメリットもあります。でも、同時に、**必ず**

相手の嫌なところが見えてきますし、不満も出てくるはずです。

育ってきた生活環境が違うのだから、細かい違いが見えてきます。部屋の温度、整理整頓の基準、洗濯もののたたみ方、料理の味つけ、生活のリズム……にはじまり、これをやってほしいのにやってくれないとか、イヤだって言ってもやめてくれないとか。**つき合う前はやってくれたのに、どんどんやってくれなくなった**……というのもあるでしょう。ほかにも、仕事の熱量やとり組み方の違い、時間の使い方、将来設計の違いや楽観的、悲観的などの価値観の違いも明確になってきたりします。

これらの違いが不安につながり、不安が発展すると不満になります。この価値観の違いや不満をお互いに承認し、自分の価値観を押しつけず、調和していけば、生涯の伴侶になり得るのですが、ほとんどの場合はそうはならない。

とくに余裕がなくなったときに、一気に不満が爆発します。男女どちらが先に爆発しても必ずケンカになったり、不仲になる時期を迎えます。それが1回や2回ならまだいいのですが何度も続くと、「この人でほんとにいいのかな?」と思いはじめる。

そういう意味では、つき合う前のホカホカの状態よりも、つき合っている人がおるほうがじつは不満がたまっています。そのときに**比較対象がいると、この人はいいなーと目移りしやすい。だからチャンス**なのです。

すごく悪いことを教えているようですが、これが事実です。だから失うものがめちゃくちゃ大きくても、芸能人の不倫がなくならないのです。人は理屈よりも感情で動きます。よくないことですが、つき合ったら気を抜く人が多いので、この先も絶対になくならないでしょう。

つき合っている不満のある彼女に対して、つき合っていない未来の可能性のあるあなた。このような比較対象ができると、善し悪しがより顕著に見えてきます。そこではじめて男性も「彼女よりいい女性がいるのでは？」と考えはじめるわけです。

再度言いますが、無理やり奪えということではありません。しかしあまりに何度も不満をぶつけあい、その女性といると彼が幸せでないのなら、あるいは、まったく実らない恋を彼がしていて、彼の幸せがそこにないのなら、あなたとの未来の幸せを自ずと選択しても仕方がないのです。

まずは彼の「相談相手」を目指せ

その彼とまだ距離が近くない場合は、ぜひ彼の友人になってください。すでに友人関係にある場合は、**彼があなたに恋愛相談ができるくらい近い友だち**になってください。これが、条件つきの彼を攻略する王道です。恋愛相談の相手はやはり女性にしたほうがいいというのを彼も知っているので、けっこうそのポジションは簡単になれます。

とはいえ、相手の恋愛相談になんて乗りたくもないですよね。自分の大好きな人に恋人がいて、その彼女とのディテールを聞くのは決してうれしくないはずです。嫉妬もしてしまうでしょう。しかも、すぐにでも押し倒したい相手なのに（シツレイ）、まず友だち関係をつくらなきゃいけないなんて、けっこうな修業です。

ですが、そこに飛び込んでください。なぜなら、**恋愛相談している相手と新たな恋が芽生える確率はかなり高い**からです。

恋愛相談を通して、あなたは彼にとってなんでも相談できる、そして自分のことを全部わかってくれている人になります。あなたといることで、とても安心感を得られているはずです。

しかも、相談するなかで自己開示（強いところだけでなく、悩みや弱点を含めて相手に見せること）をめちゃめちゃしていますから、あなたへの信頼感はかなり高い。**あなたは彼にとってのいちばんの味方**なのです。それは、ぼくが最初からずっと言っている**彼のいちばんの居場所になる**わけです。

ですので、まずはあなたは彼の恋愛、仕事のこと、人間関係についても彼を認め、いつも背中を押して勇気づけてあげる存在になってください。

相談相手になるために、まず必要なのは彼女のことを聞くことです。

「〇〇さんがおつき合いしている／好意をもっている方って、どんな女性ですか？」

「パートナーさん／好きな女性とは、うまくいってますか？」

「〇〇さんの彼女／好きな女性って、素敵な人なんでしょうね！」

こんなふうに軽く聞いてみましょう。探りを入れているのではなく、あくまでもカジュアルな会話として。ここで彼から返ってくるのは、おそらく普通の内容です。

「普通の人だよ」

「まあまあかな」

「いや。べつに」

「そんなことないよ」

そもそも男は恋愛や恋愛相手のことをベラベラしゃべるのは苦手ですから、最初はこんな返事でＯＫです。

次のステップは２つ。

「まぁ、**女ゴコロは複雑ですからね。**もしも理解できない女性心理とかがあったら、**いつでも相談してください！**」

このように、わたしにいつでも相談してねという軽いフリをしておきます。そうしておくと、通常モードでは彼はなにも相談しないものの、なにかことが起こったとき、彼女のことがわからなくなったときに、あなたのことを頼りにしてくるでしょう。

また、しばらく待っても**相談してくる気配がないなら、あなたから恋愛に関する自己開示をしましょう。**

これをぼくは**「自己開示の法則」**と名づけています。あなたが先に、相手が言いにくいようなことを開示することで、相手の秘密にしているハードルが下がり、相手も心を開き、同様に恋愛の開示をしてきます。

あなたの恋愛相談といっても、いきなり「○○さんが好きです」と言うわけにはいきません。ですから、現在つき合っている人はいないけれど、過去の恋愛を例にあげて、**自分の恋愛パターンや苦手なこと、弱点などを相談するのがいい**でしょう。もしくは、男心はよくわからなくて、という相談もとてもいいです。

「○○さんの恋愛は順調？　わたし、昔おつき合いしていた相手とこんなことがあってね。あのときは精神的にも子どもだったから、彼を責めてしまったのだけど……。○○さんはどう？　○○さんは優しいから当時の彼とは違うと思うけど」

こんなふうに言うと、彼もあなたの相談に乗りつつも、じつは自分も女性心理でわからないことがあって、と自己開示する可能性が高くなり、あなたが相談者になることも実現します。この方法なら彼にとっていきなり恋愛のことで「どう？　悩みある？」と聞かれるよりもずっと答えやすくなりますからね。

ここでさらなるポイントですが、相手が彼女について話しはじめたら、たとえ彼が不満を言っていても**必ず彼女のことを褒めてください。**
「でもやっぱり○○さんのことがよくわかっているんですね」
「聞いている限り、素敵な人っぽいですね」
「その方、○○さんのことが好きなんですね」
そしてこう加えてください。

「さすが、○○さんが選ぶ女性ですね」

多くの女性は、嫉妬からか「○○さんならもっとステキな女性がいますよ」とか「それは本当にひどいですね」などと、知りもしない人のことをディスりたくなってしまうもの。なかには、自分のよさを売り込んでしまう人もいるかもしれません。ですが、これは大きな減点ポイント。彼が引いてしまうだけです。

むしろ、**恋人のことを褒めまくってほしい**のです。自分のことも、そして彼女のよさも知っている**2人のサポーター……というポジションを獲得する**ために。裏テーマで言うと、なにがあろうが、人のことを悪く言わない女性を体現しておく。

男が心から望んでいる聖母マリアのような、慈悲深い女性になっておくということでもあります。間違っても彼のためにと肩をもって、彼女のことを悪くは言わないことです。人間は勝手なので、自分が彼女の不満や悪口を言うぶんにはいいのですが、**相談相手が彼女のことを悪く言うと、なぜか腹が立つ**もの。同じように言いたくても、ぐっとこらえて器の違いを見せましょう。

そして、「女性の気もちを教えますね！」と宣言して、つねに2人を応援する側に回るのです。そうすれば2人で会う時間も増えますすし、彼も**自分の大切な人を認めてくれるあなたのことを大切にする**はずです。

「忍法ホメホメＭＡＸ」の術でいちばんの理解者に！

2人を応援している相談者のポジションをキープできれば、「必ず」ですよ、1か月後か1年後かはわかりませんが、必ず彼がまた、彼女のことを悪く言うときがきます。恋愛相談の相手になりながら、頻繁に連絡がとれる状況にして、そのときを待ちましょう。**彼がグチを何度も言うようになったらチャンス**です。

補足ですが、これは「リベンジ編」のためのシークレットな攻略法です。ですから、ここでも5人同時進行のルールは適用しておいてくださいね。彼を待つあいだにほかの男性とたくさん友だちになったり、ほかに好きな人ができたら、なんだったらおつき合いをしてもいいです。それくらいの腹づもりでないと待てないときもあるからです。それでもほかに好きな人ができず、彼だけがやっぱり好きだというときに、いまからお伝えすることを実行してください。

さて、人間ですから、とくに長い時間過ごす相手には、大なり小なり不満が出てくるのはもうお伝えした通りです。そのときは積極的に彼のその不満の聞き役になってください。そして、「ああ、この子（あなたのことね）だったらよくわかってくれる」と思ってもらうのです。

ここでも忘れないでください。

彼が彼女のことをどれだけ悪く言っても、あなたは彼女の味方です。「彼」じゃないですよ。「彼の彼女」の味方になるのです。いろいろと彼からグチを聞いて、そこには共感したり同情したりするものの、**最後には必ずこう言います。**

「でもなんだかんだ言って、彼女さんってすごいと思うな～」

「そんな素敵な女性、あんまりいないですよ」

「○○さんはラッキーですね」

「彼女くらい女性らしい人はあまりいないんじゃないですか？」

などなどです。

「そんなこと言ったら、彼が彼女のことをもっと好きになってしまうのでは？」と思うかもしれませんが、これは**れっきとした心理戦**です。

人間は、「すごいね」「すばらしいね」とあまりにも褒められると、謙遜の気もちが働き、「いやいや、そうでもないよ」「本当に彼女はひどいんだ」などと言いはじめるものです。

この、あなたの口からでなく、**相手の口から「そうでもないよ」と言わせる**のがコツ。どれだけあなたが彼の味方になりたくても、自分自身を売り込みたくても、「そんな彼女よくないですよ」とか「好きだったらそんなことしないのに」などと落としにかかってはいけません。

あなたが彼女を落とせば落とすほど、彼の心理はどうなると思いますか？　いっしょに共同戦線をとり、彼女を敵にして散々悪いことを言うと、たしかに一瞬は、彼も気分的にすっきりする。なんか気分がマシになります。

しかしその先は〝そうはいっても、ちょっと言いすぎたかな〟と彼が罪悪感を覚えたり、**他人が彼女を悪く言うのを聞くと〝いや、そうは言っても、いいところもあるよな〟**と、次に彼女と会ったときには加点法になります。そして、元さやに戻ってしまうのです。

さらに、「そんな彼女はダメ」とあなたが言えば言うほど、間接的にはその人を選んでいる彼への否定になります。つまり、「あなたも大した男じゃないね」というメッセージにもなるのです。不満はあるけれど、大切だと思っている彼女を褒めてくれる相手は、自分が肯定されたような気がします。なにがあっても承認が人間関係のベースですから、あなたと彼は精神的により近くなれるのです。

もしかすると、途中で、「たしかにそれは、彼女が悪いよね」と思うこともあるかもしれません。でも、なにがあっても褒める。最悪、**褒めるところが本当になかったとしても絶対にけなさない。**

「そうは言っても、あなたが選んだ人だからなにか考えていることがあるんでしょう？　信じてみたら？」

「あなたが選んだ人だから、やっぱり奥ゆかしい人だよ」

「わたしから見たら、ほんとできた彼女だと思う」

「あなたへの気もちを、うまく表現しにくかっただけじゃない？」

「女性だもの、そのときの体調や気分で、**たまたまそういうときもありますよ**」

など、**むしろかばう**ぐらい。もしくはその上をいってもいいのです。

「その女性って、わたしから見ると○○さんにとってたぶん最高の女性だと思うよ」

と**マックスに褒めましょう。**

そうすると不思議なもので、今度は彼がどこか消化不良を起こすのです。

「あれ？　不満を聞いてもらいたかったのに、むしろ、**すごくいい女だとか言われて、でも、そうなのかな……**」と。

そして次に彼女と会ったときに、もう一度彼女に期待して、自分がむしろ反省した状態で彼女を観察したり、確認するわけです。そうすると、「いや。あれだけ言ってくれたけど、でも、**そうは言っても、こいつやっぱりダメだよな**」「俺の気もち、全然わかってくれないしな……」

彼は自分自身は彼女のことを悪く思い過ぎたと反省はしていますが、あなたが実践した心理戦で**彼女への期待値もあがっているため、かなりの減点法にもなる**のです。そしてこの減点方式が幾度となく繰り返されるのです。その結果どうなるのかはもうおわかりですね。

踏んばらなければいけないのは、あなたの感情のコントロールかもしれません。目の前の人のことが好きだったり、その人がかわいそうであればあるほど、ついついいっしょになって攻撃してしまうものです。理性的でいてください。悪口やゴシップに乗っかるのは誰だってできます。でも、それはあなたが目指す女性像でしょうか？

相手の彼女の悪口をいっさい言わないのは、トレーニングが必要ですが、やりきったら最強です。奥義も奥義、秘奥義ですから。普段から周囲の悪口には乗らない。いいところを見つけてそこを褒めるなどの練習はしておいたほうがいいかもしれません。

そして、**この方法を実践するのに罪悪感を抱く必要はありません。**

あなたのアドバイスを受けて、彼の気もちは人のいいところを見ようと変わるかもしれません。すなわち、人間力があがっているのです。でも彼女は変わらないのです。だから彼の気もちが離れるのです。ということは、お互いの成長度がともなっていないということですから、あなたが別にしかけなくても遅かれ早かれ別れてしまうのです。

彼が反省をして、彼女のいいところを見ようと思って彼女と会い、そして彼女も成長していれば、2人のつき合いは続くはずですから、罪悪感はもたなくていいのです。長期戦になることもありますし、なかなかそこまで自分に自信がないという女性にとっては、最後の詰めまではちょっと大変ですが、そこだけはがんばりどころです。

最後の、「勝負のとき」はいつか訪れます。**彼の彼女が最下点のマイナスになると同時に、彼のすべてを全承認してきたあなたが最上点のプラスを獲得するとき**が。これまであなたは、相談相手として彼を全面的に承認してくれた理解者です。穏やかで、自分が彼女の悪口を言っても、決して便乗して悪口を言わない。天使みたいに見えているはずです。

彼が不平不満とかの愚痴レベルではなく、「ほんとに別れようと思う」「もう本当に限界だからつき合いを続けるかどうか考えている」と話しはじめたとき、はじめて少しだけあなたの気もちを添えてください。

「そうなんだ。○○さんみたいな人とつき合える彼女って、**ずっとうらやましかったた**けどね」

「こんなにカッコよくてイイ男はほかにいないのにね。**わたしだったらなにがあっても離さないけどな〜**」

ここのプチ告白はレベル高いです。ここでも、いきなり押し倒さないことが重要です。理性的であってください。そして彼にあなたの好意を伝えて、彼もまんざらでもないのを確認できて、もう**彼があなたとつき合いたいくらいのことをもし言ってきた**なら、なんだったら、**もう一度くらい突き放してもいい**です。

「あなたはいまの人と幸せになるのがいちばんじゃない？」

すぐには落ちない女性ですというニュアンスもありますが、ここでは再度、**彼の口から彼女との別れを決断させる**ことを目的にして言うセリフです。これでもっとあなたのことを好きになるでしょうし、それからつき合えばいいのです。

このような流れをマスターすると、どんなに彼に大好きな女性がいても、必ずあなたが最終的には勝利します。ですから、絶対にこの秘術は口外しないでくださいね。

このリベンジの手法は、なんだったら10人同時にもできます。**相談ポジションをつねに複数人もっておけば、そのなかでいちばんいい男性をあなたが選べる**かもしれません。

そんなに同時に好きになれません！　という声はもちろんわかりますが、好きにならなくてもいいので、可能性を多くもつという意味合いでの同時進行と思ってくださいね。なんせ成功するまでの時間が長い場合がありますから、自分の気もちの安定のためにも同時進行を心がけているほうがいいでしょう。

ある意味、洗脳の心理と同じですね。徐々に徐々に、少しずつ時間をかけるのがマインドコントロールの手法ですから、怖ろしいことをお伝えしていますので、本当に訳ありの人をどうしようもなく好きになってしまったときだけ使ってくださいね。

余談ですがこの術は、めちゃくちゃ効果のある心理戦ですが、実践できる人はほとんどいません。それくらいレベルが高く、自分の感情のコントロールができないとうまくいかないからです。とはいえ、ぼくがホストクラブを経営しているときから実践してきたので、効果は実証済みです。

ホストクラブもほかの飲食店と同様、お客さまは流動的です。でも、やはり自分の店にだけ来てほしいから、ぼくが新人のころは、自分のお客さまが他店に行ったと聞くと必ず、悪口を言っていたんです。

「あんなホストあかんやろ」

「ぼったくりかなにかで有名な店やろ？　やばいんちゃう？」

などなど。でも、そう言えば言うほど、お客さんが離れていったんですね。そこで、あれ？　と気づいて、単純に逆をやったらどうなるかなと思って実験してみたのです。

「そこってきっとすごい店なんやろね」

「〇〇ちゃんが指名する人なんやからすごい魅力ある人なんやろうなー」

「俺、そんなすごい人から学びたいから今度よかったら連れてって」

この術の構造を理解しているあなたならわかると思いますが、ぼくが褒めれば褒めるほど、他店のホストに会ったときに、「そんなにすごくなくない？」という減点法の心理が働きます。

また、こっちの店に来ていることを相手のホストが知ったときに、向こうがぼくのことを悪く言うのです。悪く言えば言うほど、今度は向こうのホストの人間性や器の小ささに幻滅する。そして悪く言われたぼくと会った女性客は、ぼくに加点法になり評価があがります。その結果、「悪口も言わないし、やっぱりこの人のほうが男としてできてるよね」と、ぼくの見方ががらりと変わり、ほかの店に行かなくなるのです。

最終的に、これはぼくが当時経営していたホスト店全グループの教えにまでなりました。他店とお客さまの引っぱり合いになったとき、絶対にその店をけなすな、そのホストを1ミリも悪く言うな。なんやったら褒めるぐらいでやれと。

そのせいか、うちの店はめちゃくちゃ売上が高かったですし、しかも、他店からは「あの店（ぼくの経営するグループ）のお客さまは引っぱられへんな」といううわさが流れるぐらい、最強のファンがついていました。

それを応用したのが、この「忍法ホメホメMAXの術」です。この心理テクニックを扱えたら、**人を悪く言わない、人を許すという人間性にもなれる**ので、女性としては最強です。そしてどうしても好きになった相手との長期戦には確実な方法です。

先日、懇意にしている男性経営者ですが、この方法で彼氏のいる彼女をGETしていました。その人も勝手で、「マジですごいです！　この手法はもう封印したほうがいいです。あんなん教えちゃ駄目です、敬一さん」って言われました（笑）。

テクニックとしてはそれほど難しくはありません。が、心がまえの部分が難しいのです。**奪おうと思えば思うほど、じつは離れていく**ものだからです。

必要なのは、**〝奪おう〟ではなく〝彼を応援しよう〟**というマインド。あなたの好きな彼がより幸せになれるよう、とにかく応援する。ここは、あなたの度量を大きくせなあかんのです。あなたの自信が必要です。

略奪していい男と、してはいけない男がいる

最後に1つだけ。あなたが出会う男性のなかには、もしかすると浮気をしたいという目的のためだけにあなたに近づいてくる男性がいるかもしれません。

彼女とうまくいっているのに、うまくいっていないとか、もう長い間、セックスレ

スな関係だとか、もう別れようと思っているなどと嘘や出まかせを吹聴《ふいちょう》する……。

「男の目利き」の話になりますが、**浮気したいからいまの彼女の悪口を言っているのか、本当は関係をうまくいかせたくて葛藤しているのか**は、ちゃんと見極められるようになっておいたほうがいいです。

世の中には、略奪していい男と、かかわってはいけない男がいる。それを見極めるポイントは、本心は彼女を大事にしたいと思っているけれど、それでもちょっとしんどいんだよね……という、その苦悩と葛藤が会話からどれくらい読みとれるか。

そして、最初から自分のことは棚にあげて、彼女の悪口や駄目なところしか見ていない男性というのも奪ったらあかん男です。これ、あなたがつき合ってもいずれ同じことになるよという未来です。自分も悪いところはあるけど、でも彼女もね……という男性を選んでください。

時間をかけてまでこちらに向かせる価値のある男か、そうじゃないか。自分の時間と我慢というリスクをかけるなら、当然、価値ある男性でないと。

詐欺をするような輩はなかなか正体がつかみにくいですが、ゆっくりじっくり、焦らず相談相手になりながら、相手を見定めるのもいいと思います。

ぼくはこの本を通じて、女性に幸せになってほしいと心から思っています。ですから、**「不快」ではなく「快」しか与えない男を選べ**と声を大にして言います。ただ、「不快」を与える男のほうが、どうしたって魅力的に見えてしまうもの。なぜなら、次に紹介するぼくの最終秘義「振り子の法則」によって、真実が見えなくなってしまうからです。

この「振り子の法則」を学んで、真にステキな男性を選ぶと同時に、この手法をあなたが男性に使うことができたら、男性はあなたの虜です。

人を夢中にさせる、とっておきの秘義、「振り子の法則」を紹介しましょう。

振り子の法則

人を夢中にさせる
門外不出の秘義

門外不出の秘義「振り子の法則」とは？

振り子の法則とは、読んで字のごとく右に左に勢いよく揺れる「振り子」を指しています。恋愛のドキドキ、ワクワクは、あなたが誰かを好きになり、そのなかで感情が揺さぶられることによって起こります。その究極の揺さぶりが「快」と「不快」という振り幅で相手の感情を揺さぶることです。

「快」と「不快」をバランスよく与えることで、相手の脳に中毒症状を起こさせる……という恋愛における究極のテクニックです。

これをされると、人は**好きを通り越して相手の〝信者〟に**までなってしまいます。事実、ぼく自身が若いころ使いまくって絶大な効果があった実証済みの法則です。

ちなみに、心理学で有名な「つり橋効果」というものがあります。これは恐怖や不安を体験したうえで相手とコミュニケーションをとると、その相手に恋愛感情をもちやすくなるという心理効果です。脳は、恋愛のドキドキと外的要因（つり橋を渡る、恐怖映画を観るなど）のドキドキを勘違いするのだそうです。

心理的にはこれと近いかもしれませんね。

振り子の法則の本質をお話しする前に、人がこの「振り幅にいかに弱いか」という話をさせていただきます。たとえば、次に紹介する人を想像してみてください。

●いつも冷静沈着でクール。だけどあるとき、とても情熱的な相手の一面が見えた。
●普段は真面目そのもので、仕事も絶対に手を抜かない。けれど仕事の休憩時間やプライベートでは、バカなことばかり言ってとてもユーモラスな人。
●最初会ったとき、見た目がチャラそうで薄っぺらい人かと思った。でも接してみると、すごく誠実で芯のある人だった。
●なんだか近寄りがたい人で堅物な男だろうなと思っていたら、じつは話してみると全然気どってなくてめちゃくちゃフランクな男性だった。
●最後に男目線で、見るからに清楚でとても上品な女性なのに、じつはえげつないほどエロかった（笑）

などなど。ほかにもたくさんありますが、こういう人はとても魅力的に見えませんか？　要は、人の魅力とは「幅」のことである、とぼくは講座などでよく言っています。

「幅の」ことを世間では「ギャップ」とも呼び、このギャップが大きいほど、人は魅了されると言われています。最近では「ギャップ萌え」という言葉があるくらいなので、経験的にギャップ（＝幅）が魅力だというのはおわかりになると思います。

そして、このギャップの振り幅のなかでも、相手を信者にする幅が「快」と「不快」なのだと覚えておいてください。

たとえば、**不良生徒がたった一度でも宿題をちゃんとやってきたら、めちゃくちゃがんばったように見えます。**

普段、先生はこの不良に「不快」に振られています。態度が悪いな、宿題をまったくやってこないな、先生の言うことを聞かないな、など。だからこそ、1年に一度だけでも宿題を仕上げてくると、普段はドマイナスに振られている先生の感情が急にプラスに振られて、途端に「君はすばらしいな！」「先生は信じてたぞ！」みたいになるのです。

よく考えたらあまりたいしたことはしていないし、ほかの毎日宿題をしている生徒からしたら、「ちゃんとやっているぼくたちは、なんであまり褒められないの？」と思うことでしょう。でも先生は、不良生徒に超感動しちゃってる、みたいな。仕方ないのです。これが人間の心理であり、「振り子の法則」の怖ろしさなのです。

ほかにも顔はめちゃくちゃ怖いのに、ニッコリ笑顔であいさつしてくれたら、「わ、すごくいい人！」と感じたり、全身にタトゥーが入っている子が、待ち合わせ時間の5分前に待ち合わせ場所で直立で待っていれば、「え！　めちゃくちゃ人ができてる！」などと思ってしまうのです。

冷静になれば、ニッコリ笑顔であいさつも、5分前に待ち合わせも、大人として当然の振る舞いをしているだけなのです。でも人間は感情の生きものですから、前提として**不快に振られた状態だと、普通のことをしただけでとてもすばらしい**ことをしてくれた、と受けとめるのです。

なので、先にお伝えしておくと、〝だめんず〟にハマる女性の心理もこれで説明できます。普段彼のなにかしらダメなところを見せられている彼女は、誕生日にちょっとしたディナーに連れていってもらえただけで「やっぱりこの人、根はいい人ね！見直した」となります。彼に手書きの手紙とかもらった日には、「なにがあってもこの人と一生いるわ！」くらいにまでなるということです。

周囲からしたら、たいしたことしていないし、ほかにもっと優しい男性はいるのにと思っても、本人にとっては**「振り子の法則」が効いている**ので、ほかに目がいかないのです。さらに言うと、この女性は**不快がない男性にはもの足りなさを感じるくらい**です。「いい人なんだけど、なにかが足りない……」というね。これくらい振り幅というものには中毒性があるのです。

ホストクラブ経営時代、ホストをいかに早く売れっ子にするかは、オーナーであるぼくの仕事でした。なので、人が惹きつけられる「幅」をどうやったら簡単に演出できるだろう？ しかも誰もが実践できるテクニカルなものにならないか？ そんなふうに考えたわけですね。

女性のみなさま、ごめんなさい。いまはその仕組みを知ってもらって、女性の魅力をあげたり、だめんずにはまっている女性を救い出したりできているので、ゆるしてください。

ですから、この「振り子の法則」をあなたの魅力をあげるオフェンスに使ったり、変な男に引っかからないようディフェンスにも使ってもらいたい。そのために、ハマるプロセスをわかりやすく、ホストクラブの店内での事例ですべて暴露しますね。

ホストの魅力はいろいろとありますが最強なのはやはり、「快」と「不快」の幅です。そのステップは、「出会い→安心→尊敬→嫉妬→フォロー」です。

まずは、徹底的に「快」に振ります。出会いはさわやかで、まあまあイケメンでいい感じ。ホストクラブのなかでは会計も明朗。安心して楽しんでもらいます。お客さまへの上級の気遣いも、ぬかりなし。

「あら、ホストなのになんだか人としても尊敬できるわね」という感じで接客を通して徹底的に「快」に振るわけです。

そして、好感度もマックスに入ったとき、つまりそのホストをすごく気に入ってもらえたときに、わざと断って席を離れ、ほかのお客さまのところにつくのです。できれば、その人から見える席が理想です。ほかの女性客といっしょに楽しんでいるさまも見せつけるくらいに。これがいわゆる嫉妬の「不快」です。

最初に席についていた女性のところには、なかなか帰らず、しかも目の前では、自分のお気に入りのホストがほかの女性客と楽しそうに過ごしている。早く席に帰ってきてほしくても、なかなか帰らずに長い時間が過ぎていく。そしてガマンできる限界まで引っ張って、ようやく席に帰る。最後は、徹底的にフォローして、また「快」に振るのです。

そうすると「快」と「不快」の振り幅ができて、普通にずっとその席で接客するよりもお客さまのハマり方が変わってくるのです。要は人は**〝不快があるから快が増幅される〟**のです。これをぼくは「快不快一対論」と呼んで、現役のホスト時代から意図的にやっていました。そうしないとお客さまは飽きてしまうので、ドキドキ、ワクワクのエンタメの要素を出すためでもありました。

優秀なホストは、このあたりをさりげなく、とても上手にやってのけます。高いお金を払って女性がホストクラブに通う理由は、店にいる数時間の間にこの「不快」と増幅された「快」が交互にやってくるからです。

ぼくらプロのホストは、もちろん「快」にもほかの男性よりも遥かに振れますが、「不快」に意図的に振って、さらに魅力を増大させることができるのです。そのため、

「快」と「不快」で心をゆさぶる

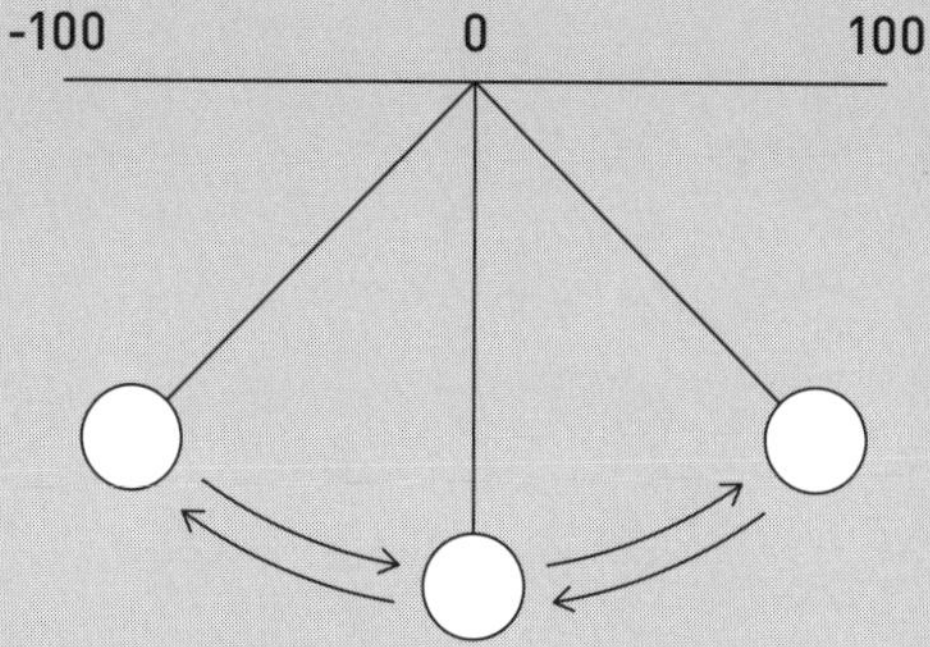

「快」に振ることだけを考えて、「不快」に振るなんて夢にも思っていない一般男性には、負けないのです。

図を見るとおわかりいただけますが、中心のゼロから、プラスとマイナスに１００の目盛があります。普通の人は「快」に振る発想しかありませんね。どれだけがんばっても、「快」はゼロからプラスの１００までです。しかしプロのホストは、最初はゼロからプラス１００に振り、そして一気にマイナス１００まで振ることができます。そこで２００の振り幅で脳に揺さぶりをかけ、再びマイナス１００から一気にプラス１００に振るのです。

おわかりですか？　ホストが一般男性よりも女性を夢中にさせる理由が。一般男性は意識していないので「不快」に振ることはしないのです。でもマイナス100とまで言わなくても、たとえマイナス30でもいいので「不快」に振れば、「快」に振ったときに130の振り幅ができます。

ただし、一般男性でも、意図せず天然で振り子を振っていることがあります。

仕事が忙しくなってデートや電話の時間がとれなくなった、遠距離恋愛になった……などの理由で、**あまり会えなくて女性が「不快」に思っていると、会ったときに「快」が増幅されて、その彼の魅力も自ずとあがる**ということがあります。

また、「不快」という意味では、「不倫」もまさにそうかもしれません。語弊はありますが、「あの人はしょせんは他人のもの」というだけで「不快」が増幅されて、結果的には不倫相手の商品価値があがってしまいます。

障害、困難、距離感は、恋をより燃えあがらせる作用がある。そんなに燃えあがれるのは、普段は「不快」に振られているために、会ったときに一気に「快」に振られるからにほかなりません。ここであなたにお伝えしたいのは、好きなのは、**彼の魅力によるものなのか、それとも単に振り子にはまっているだけなのか、**これを見誤らないことが大切だということです。

〝振り子グラフ〟を描いてみよう

〝ダメな相手〟とつき合っている人がなかなか別れられないのは、「不快」と「快」の幅による一種の錯覚でしかありません。理屈で考えるとその人の魅力ではないのです。

もしもあなたが、ドロ沼不倫にはまっている、だめんずに振り回される、あるいは彼女がいる男性が好き、はたまた彼女ができた元カレをとり戻したい……と、もがいているのなら、少し時間をとってグラフを描いてみてください。

本当に彼を魅力的に思い、彼のことが好きなら止めはしませんが、単なる振り幅で好きになっているだけなら、それはあなたの幸せを第一に考えるぼくの立場としては、やはり考え直すことをおススメします。

そうでないと、ここまで正直に、「振り子の法則」を書いたりはしません。ぜひ一度、彼が与えてくれる「快」と「不快」をリストアップしてみましょう。

例を挙げて説明しますね。

245ページのAくんの場合の振り幅を見てください。快が8、不快が1です。ですから、振り幅は9です。Bくんはどうでしょう。

Bくんは快が5、不快が9。振り幅は14です。普通だったら、快の多いAくんを選んだほうが幸せになりますよね。でも、だめんずにハマっている女性が離れられないのは、Bくんのような男性です。

多くの場合、だめんずとつき合っている人は、つき合っている相手を褒めてノロけるよりも、グチや文句を言うことが多いです。優しくないとか、話がつまらないとか、浮気されたことがあるとか。それを聞いた友人たちは「そんな人、別れちゃえばいいじゃん」と言います。

でも、その男性が本当に「不快」しかなかったら、女の子もバカじゃないからわかります。自分のために自ら別れを選択します。でも、**こういう男性って、なん**

Aくん

「快」要素
・顔がカッコいい
・誕生日などのイベントを忘れない
・おいしいお店に連れていってくれる
・話をよく聞いてくれる
・デートの待ち合わせに遅れない
・LINEにすぐ返事をくれる
・仕事をがんばっている
・つねにレディファースト

「不快」要素
・趣味が合わない

Bくん

「快」要素
・「かわいいね」といつも言ってくれる
・車でよく送り迎えしてくれる
・音楽の趣味がめちゃくちゃ合う
・私のことをよくわかってくれる
・笑顔がかわいい

「不快」要素
・ごはんに行くのはいつもチェーン店
・プレゼントは5000円以下のもの
・服のセンスが好みじゃない
・自分の話ばかりしてきて会話がつまらない
・浮気癖がある
・怒ると怒鳴ったり、物に当たったりする
・自分が浮気するくせに嫉妬深い
・たまに遅刻してくる
・デート中にLINEのポップアップで女の子の名前が見えることがある

かちょくちょくフォローしよるんですよ。**「あんときはごめんな」**って。

ここが「天然振り子オトコ」のあなどれないところです。

とくに、女性に大きな「不快」を与えたあとに**タイミングよく「時間があいたから会いにきた」とビックリさせたり**、女性がもう本当にこの人との関係は潮時かも、などと弱気になっているときにすぐに駆けつけて、**「俺にはやっぱりお前しかいない！」などと言ったり**するんです。

こういう場合、普段が〝ほぼ不快〟ですから、ちょっとした優しさを見せると、めちゃくちゃ「快」が膨らんで、いい人に見えるのです。「不快」があるから「快」が増幅される典型的な例なのです。

不快が多いほど快が増幅されるのを卑近な例で言うと、忙しくて寝ていなければ寝ていないほど、寝たときに超幸せを感じるのと同じです。ダイエットで甘いものを極限まで制限したあとに、チートデイで甘いケーキを食べるとめちゃくちゃ甘くておいしく感じるのと同じです。サウナでめちゃくちゃ我慢して汗を流したからこそ、水風呂が心地よいのと同じです。

これらはすべて「振り子の法則」の振り幅にやられているのです。「不快」があれ

「だめんず」に女性がハマるメカニズム

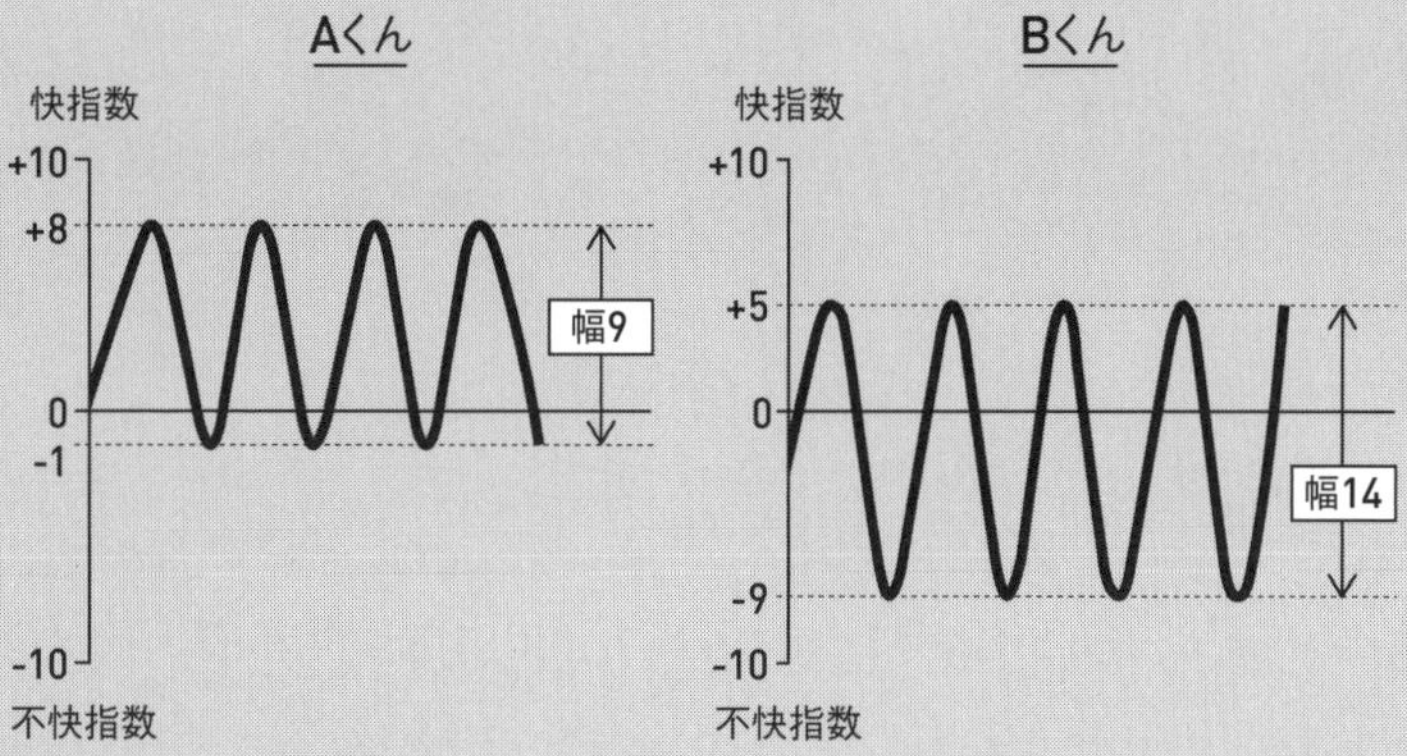

ばあるほど、人は勝手に「快」を増幅させる「快不快一対論」は、恋愛だけでなくいたるところにあるのです。

しかもこの「快不快一対論」は一度覚えると刺激的でクセになるんですよね。たとえるなら、一度炭酸飲料がおいしいと感じたら、水やお茶だけではもの足りなくなるみたいな。中毒性があるのです。

なぜ、こんなに口を酸っぱくして伝えるのかというと、**だめんずからは絶対離れたほうがいい**からです。そして離れるには、いま言ったことを理解したうえで、意志をもって、**冷静になってロジカルに考えないと抜け出せない**のです。

さらに言うと、女性がだめんずから離れられないのは、経済学でよく言われる**「サンクコスト効果」も働いている**可能性が高いです。サンクコスト効果とは、すでに使った費用や労力、時間に対して**「もったいない」という心理が働き、合理的な判断ができなくなってしまう**現象のこと。投資している方ならわかると思いますが、株で言うところの、損切りができない状態と言ってもいいでしょう。

もちろん、それ以外にも「いまやめたら自分がバカみたい」という自分を否定したくないという気もちや、ほかの女性にとられたくない、彼しかいないという執着もあるでしょう。母性が強い女性なら、わたしがいないとあの人はますますだめになってしまうという心理も働きます。厳しいことを言うようですが、これはそういう女性がいるから、彼がダメになっている可能性もあるのです。

なんにしろ、まずは一度、冷静になって、自分の未来の真の幸せを考えてほしいのです。単に恋愛を楽しむくらいなら、正直だめんずは振り幅があって、とても楽しい面もあるので、それでいいです。が、本書は〝婚活塾〟ですから、ゴールは結婚、あるいは籍を入れなくても真のパートナー探しです。

あなたが好きな人は、あなたにとって快いと感じるどんなことをしてくれますか？
あなたにとってどんな不快なことをしますか？
「振り子の法則」の呪縛を解く唯一の方法は、このようにグラフを描いてみること。

振り幅が大きければ大きいほど魅力的に見えるし、夢中になってしまうけれど、みなさまは「快」の要素が多い人を選んでください。**なんだったら「快」しかない人を選んでください。**感情ではなく、理性で考えてください。あなたが幸せになるために。

恋愛は感情で突っ走るので夢中になれます。楽しいです。でも、あなたが目指しているのは、結婚。一生を通して結婚していたいなら、感情だけでなく現実に生きていかなあかんのです。

そうしたら、**「天然振り子オトコ」は絶対避けたほうがいい**です。ぼくが教えたホストたちはエンタメとして意図的にやっていますが、彼らはそうではないのでね。天然のほうがタチが悪いです。

この恋愛ゲームのからくりにあなた自身が気がつくことです。それでも気づきにくいところもあるので、ぼくが**強くおススメする**のは、0時限目で紹介した**同時**

進行です。そうすると、彼しかいないわけじゃないので冷静に判断できます。

いまの彼がだめんずだったとしても、どうしても好きなら、この時点では無理に別れる必要はありません。あくまで、彼の気もちをあなたに向けさせるために、ほかの男性とコミュニケーションの練習をして同時進行で臨んでください。

そうやってほかの男性と仲よくなれたら、執着も分散して、それがあなたに〝余裕〟を与えてくれるかもしれません。その余裕が、いまの彼にとっては振り子の「幅」になるかもしれないのです。なぜなら彼を第一優先してつねに彼だけを見ている状態から抜け出し、彼と距離を置くことができるからです。

そうなったら、**今度はあなたが振り子の幅で相手を魅了するとき**です。

「幅」理論を制する！

ここまでは「振り子の法則」の理屈を知り、あなたの恋愛や婚活のディフェンスに使う方法をお伝えしました。ここからはオフェンスに使う方法をお伝えします。「振り子の法則」は、なにか問題が発覚したらあっさり離れていってしまう期間限定のファンではなく、**あなたに夢中な〝信者〟を育てる法則**です。

少し先の話をすると、あなたが彼の恋人になり、結婚し、子どもが生まれても、彼を魅了し続けて、〝ずっと愛される女性〟になっていただきたいのです。そのためには新鮮さを保ち続けて、彼を飽きさせない努力も絶対に必要です。

すると、あなたは半永久的に彼に愛され、幸せでい続けられるのです。それを叶えるための、**女性にとっての最強の振り子の「幅」をいまからお伝えします。**

こちらはいままで説明してきた、少し悪そうな「快」と「不快」の振り幅ではなく、王道の「快」と「快」の振り幅ですから、もう堂々と使っていただき、彼を存分に魅了してくださいね。

バカボンのママと峰不二子

「……んぁ？」

たとえが古くてすみません。わからない人には申し訳ないのですが、インターネットで検索してみてください。なんだったら動画も観てみてください。知っている方はこのまま続けましょう。

はい。国民的に有名なあのバカボンのママと、ルパン三世の峰不二子です。

結論から言うと、まず、男にとって理想的なのは、めちゃくちゃ母性的で、かつ無邪気な子どものようであるという、この両面の振り幅を持ち合わせた女性です。

どちらかだけで戦おうと思っても、いずれ飽きられ、逃げられてしまう。

バカボンのママは、究極の母性です。

あのトンチンカンなバカボンのパパを結婚相手に選び、支え、家族を守っているのです。しかも、口うるさいおかーちゃんタイプの母性ではなく、美人でスタイルもよく、なんといってもバカボンのパパを自由にさせてくれる寛容さ。

一方の**峰不二子は、自由奔放な子どもっぽさの代表**です。

ワガママで、身勝手に男を振り回し、自分の気分が向くと甘えて、自分の欲求に素直でときにどうしたら自分の欲求が通るかを本能的に知っている、まさに邪気のない子ども。たとえるなら目を離すと車道に飛び出していきそうな子ども。そんな子どもをいつも追いかけるハラハラとした危うさもあります。「俺がいないとダメだ」という気もちにもさせてくれる。このような振り幅が相手を魅了します。

このたとえを、**男性に当てはめてもピンとくる**はずです。

少年のような子どもっぽさと、あなたのためならなんでもしてくれる、あなたを守ってくれる究極の父性をあわせもつ男性。**好きになったことはありませんか？**

この両面の振り幅をもつ、いや、正確に言うと、それを彼に魅せるようにコミュニケーションをとると、彼の気もちをとらえて離さない無敵の愛され女性になります。

では、男女ともになぜこの両面が必要なのでしょうか。

ぼくは5年間で600人ほど、女性の恋愛や婚活における個人カウンセリングをしました。その結果わかったのは、**男女が別れに至る究極的な原因は、2つしかない**ということです。それは……

「わかってくれない」と「飽きた」

この2つです。人それぞれ、事情が違うと思うかもしれません。しかし、詳細は割愛しますが、根本的な別れの原因はこの2つだけでした。逆に言うと、「わかってあげる」「飽きさせない」これさえ叶えば、男女は別れずにずっと仲よくできるということでもあるのです。

ですから、相手をわかってあげて承認するという「母性」が大切なのと、飽きさせないという「子どもっぽさ」が大事なのです。子どもは見てると飽きないですよね。そしてそれを体現しているのが、バカボンのママと峰不二子です。

男が感じる「自分のことをわかってくれない、理解してもらえない」という不満・不安を補うのが、圧倒的な母性、つまりバカボンのママです。「それでいいんだよ、そのままでいいよ」という徹底的な承認が必須です。

もう1つの別れるときの正直な理由である「飽きた。いっしょにいてももうおもしろくない」という気もちは、峰不二子の自由奔放な子どもっぽさによって補います。

モテ続ける大原則、バカボンのママと峰不二子

では、いったいどんなことをすればいいのでしょう？

概念にするとバカボンのママのマインドは、以下の3つです。

【バカボンのママのマインド】①受容　②信頼　③称賛

この3つのマインドから導き出される言動をぜひ覚えて使ってください。

①彼の内面・外面ともにいっさい変えようとせず、**「あなたはそのままですばらしい」というスタンス**で接する。

②彼が自分を卑下しているときも、「いずれにしても、わたしにとってはあなたが世界一頼もしく力強い人です」と伝える。

③彼が悩みや不安を抱えているときも、彼には勇気があり、必ず自分の力で立ちあがれると心の底から信じている。そして、求められてもいないのに助言やアドバイスはしない。

④彼の仕事や趣味での実績や功績を称賛し、尊敬していることを折に触れて伝える。

⑤彼が掲げている夢や目標については、**「あなたなら必ず達成するね」**と期待と信頼を込めて伝える。また、「それが叶ったらすごいことになるね」と、いっしょになってワクワクする。

⑥ときに彼を抱きしめてあげる。いとしい気もちを前面に出して、**彼が嫌がらないかぎりは頭もなでてあげる。**

⑦彼が脱いだ服は自分が受けとり、たたんで置いてあげる。服のホコリもとってあげる。プライベートな空間に立ち入れる関係なら、靴を磨き、料理をつくる。彼の仕事以外での労働を極力減らし、それは彼がやるよりも洗練されている。

⑧どんなときでも落ち着いた表情を浮かべ、彼がどんなことを打ち明けても驚かずに受容する雰囲気を醸し出している。

⑨彼に大きな問題が起こり、ひどく動揺しているときも、一体どうやって解決す

るのかと彼を問い詰めない。なんとかなるという楽観的な態度と、場合によっては自分がなんとかするという覚悟を見せる。

⑩家や身の回りのものはつねに整理整頓され、メイクやファッションは焦って施した様子がなく、終始小ぎれいにしている。また、時間には余裕をもっている。

一方、峰不二子のマインドを概念化すると、

【峰不二子のマインド】①無邪気　②素直　③同調

このマインドから導き出される言動は以下です。

①彼に食べたいものや行きたいところ、やりたいことを聞かれたら、**「○○が食べたい！」「○○に行きたい！」「○○をやりたい！」**と、明確に願望を言う。

②彼がおもしろい話をした、ギャグを言ったときは、声を出して笑い、いっしょに食事をしたら「おいしい〜」と驚いたように表現する。また、テレビで悲し

いニュースを知ったら泣いて、彼が失礼な態度をとればスネたり怒りを表す。感情をいつも明確に大きく出す。

③「職場の○○部長が嫌い」「（タレントの）○○って、苦手なんだ」と人の好き嫌いをときどき素直に口にする。

④彼が得意とすることに自分も挑戦してみる（特技、技術、仕事など）。

⑤褒めてほしいとき、慰めてほしいときは、彼が言ってくるのを待たずに、自分から率直に「褒めて」「慰めて」と表現する。また、彼に判断をゆだねることなく、**「ねっ、おいしいでしょう？」「ほら、アタシかわいくない？」**などと決め打ちで聞き、彼がその通りに答えたら、心から喜ぶ。

⑥彼が忙しそうにしていたり、自分の時間を大切にしているにもかかわらず、**「ねぇねぇ聞いて！」**と、無邪気に割り込んでくる。

⑦1人でできることも、**「いっしょにやる！」「いっしょに行く！」**とわざわざ2人でやりたがる。また、同じ時間にやらないと気がすまない（買いもの、食事、歯磨き、読書、寝る時間など）。

⑧ときには人目もはばからず、積極的に抱きついたり、手をつないだりスキンシッ

プをはかる。

⑨彼に迷惑をかけない自分ルールは、彼に「こうしたほうがいいんじゃない？」とうながされても「イヤだ！」と頑として譲らない。

⑩年齢に関係なく、新しいことへの興味が尽きない。つねにワクワク笑顔で挑戦している。彼に「ああ、こんな面もあるんだなぁ」とあなたの成長を感じさせる。

いかがでしょうか？　さらに、「新しい本読んだよ」「新しい人と会ってね」「こんな店、発見したよ」「ひと駅手前で降りたら、全然違う景色に感動した～」など、好奇心旺盛な峰不二子は、男からしても魅力的です。

できるできないは別として、こういう両極端の振り幅がある女性は最強に魅力的なのです。おつき合いがショートで終わる人は、もしかしたらこの振り幅をうまく見せていないだけかもしれないので、一度、自分を省《かえり》みてもいいでしょう。

このように、両の「幅」で彼の感情をうまく揺らし、男を不安にさせず、かつ退屈もさせない女性を少しずつでもいいので目指していただきたいのです。

本音を言うと、男も自分で理解できていない本能の話があります。**どんな男でも好きなタイプだけで言うと「ネクスト」**です。なんせ、男の本能は種の繁栄、いわゆるタネをまき散らすこと。つまり、つねに新しい女性が気になる存在なのです。この事実は本人が自覚してなくても隠せないし、どんなに美人でも、優しくても、賢くても、やはりずっといっしょにいると、生物学的に女性の魅力はどうしても色あせて見えてしまいます。

だから、振り幅のパワーを借りて、つねにそんな一面があったんだと、新しい自分を見せる。バカボンのママだったり峰不二子だったり。そのことで本当に新しい女性になるわけではないけれど、**あなたの鮮度を保って、ほかの女性に目移りさせない**ことです。そうやって、彼を夢中にさせてください。

課外授業

「運命の相手」は近くにいる

同僚・同級生・友だち婚

じつは高確率で結婚してる!?
同僚・同級生婚

結婚相手との出会いの場として、昔から変わらず日本で多いのが、「職場」と「学校」です。

コミュニケーションの量的観点から言っても、**接点が多ければ多いほど好感度は増す**ので、相手と接点の多い職場や学校は恋に発展しやすい環境と言えるでしょう。

また、身元がはっきりしていますから、安心感もありますよね。なにより近い距離なので、よいところも、悪いところも知っている。ピンチのときもチャンスのときも、お互いのことをじっくりと時間をかけて理解しているので、つき合ってから減点法になることもあまりないのかもしれません。

さらに利点を言うと、職場は、男性が懸命に〝仕事をしている姿〟を見せられる、つまり、もっとも輝いているかっこいい状態を見せられる場です。また、男性も女性の仕事ぶりを通して、献身的な姿を見る機会が多いですから、その人間性を自ずと理解できるのです。

すなわち、**職場では男の強さを目の当たりにできます**し、**男性は女性に助けられ、癒やされる機会も多い**ので、つき合ってから自然と結婚までいく方が多いのでしょう。

そして、いやらしい話ですが、同じ職場だと、どれくらい給与をもらっているか想像がつく。また、男性の仕事ぶりが見られることで、ある程度の将来性もわかります。

結婚は実生活がともなうので、とくに経済的な不安は払拭しておきたいもの。そこを身近で見られるのは、利点です。これは外で会った男性だと知りえないことです。実際にフタを開けてみると、言っていたような経済力はなかった、なんだったら仕事も嘘だった……ということもありえますので、そういう意味でも職場での出会いはメリットが多いでしょう。

職場での狙い目は、すでにできあがっているハイスペ男子もいいのですが、ぼくの**おススメは、未来のハイスペック予備軍。**

問題処理の仕方や人心掌握の才能、マネジメントやコミュニケーション能力、リーダーシップの有無など、目の前でその男性の姿を見て、この人だったら生活安泰ね……と思う方がいいのではないかと思います。

いまの成功も大切ですが、半永久的な繁栄を遂げる男性のほうが絶対にいいですし、この先なにがあっても、助けてもらったり協力をしてもらえるような人間性をあわせもつ男性が真のハイスペ男子です。それを最初に見極められる状況にあるのは、女性にとって大きなメリットだと断言できます。

さらに職場での出会いにはメリットがあります。2人のつき合いを公言していることが前提ですが、いったんつき合って破局すると、同僚や上司の目が気になるものです。冷やかされたらどうしよう、みなに気を遣わせたらいやだな、などなど。要は、別れにくいつき合いなのです。

職場恋愛は、あと戻りができないつき合いに近い。外で出会った男性だと、つき合ってもなかなか結婚を決意しない人もいますが、職場恋愛はあと戻りができないという点で男の腹のくくり方も違います。よって結婚への道のりが近いのです。

一方、まだ学生です、という方は、学力やコミュニケーション能力、運動神経の善し悪しでも、その人の力がわかりますが、その男性が周囲とどういった人間関係を築いているか、といったことを最重要視するといいでしょう。

友人や仲間が多いということは、その人が好かれていたり、尊敬されていることの証拠です。

これからさらにＡＩ（人工知能）やロボットが台頭して社会で活躍する時代です。また間もなくシンギュラリティ（技術的特異点）と言って、人工知能が人間の知性を超える時代を迎えると言われています。

そんな時代に男が社会で勝ち残っていくには、頭より心、能力より人格、仕事の技術より、人を束ねる技術、すなわち、ロボットやＡＩにはできない人間力というものをもち合わせている男です。人間はＡＩやロボットに仕事の正確性やスピードでは勝てないし、計算や処理能力でも勝てません。

しかしどこまでいっても、人は人にしかついていきませんので、人間力が高い男はこれからも食いっぱぐれがないのです。

男性の目線で言うと、仕事や学生生活を通して、女性が見せる人への気配りや配慮、仕事の丁寧さや心遣いなども見ることができます。この人なら家でもこういうふうにしてくれるんじゃないかな……と男性は勝手に感じるのです。お互いに等身大の力がわかるというのも、結婚にいちばん近づきやすい要因でしょう。

社内恋愛のデメリットとは?

これまではメリットだけをお伝えしましたが、もちろん、同じ土俵上にいることのデメリットもあるので念のためお伝えします。

友だちや同僚に告白して〝もしうまくいかなかったらどうしよう〟という不安はつきもの。断られたあとやうまくいかずに別れたあと、同じ職場やグループにいるのはものすごく気まずいし、まわりに吹聴されたりしたらめちゃくちゃ恥ずかしい。

懸念材料の多い、**リスクのある恋愛なので、失敗することを極端に恐れる男性は多い**傾向もあります。それはやはり男の本音ですね。そのため、社内で告白される確率は低いと思います。ある意味、気軽に男と女の会話ができない。

ということは、おつき合いにまで発展するケースが少ないので、**女性からある程度しかけていかないといけない**ということです。また、仮におつき合いがはじまったとしても、周囲の目を考えて、お互いのために**社内恋愛は秘密にする、というのをグランドルールにする男性が多い**と思います。

公開でつき合っているならメリットが多いですが、非公開でつき合っていると、「ほかにもつき合っている女性がいるんじゃないか？」と不安になったり、「わたしが本命じゃないのでは？」などと疑心暗鬼になったりすることもあります。ぼくもこの手の相談を受けることがありますが、人によってはその状態がとてもツラくて別れを考えるくらいなので、**精神面のデメリットがある**わけです。

そして、その不安に耐えられないという女性は、「この人、わたしの彼です！」と言ってしまったり、言わないまでもついついみんなの前で〝オンナ〟を出してしまったりします。不安や独占欲からくるものですね。

しかしその振る舞いを見た彼は、「なんで秘密にできないの？」「バレたらどうするつもり？」などと言ってくる。女性はそれに対して、「そもそもなんで言ってはいけないの？」「やっぱり遊びなんじゃないの？」などと言って、彼と口論になってしまう。こんなこともあるでしょう。

自分に自信がない女性にとっては、社内恋愛やグループ内恋愛は苦行になるというデメリットもあるので、そこは留意しておいたほうがよいでしょう。彼との話し合いで、「秘密にしよう」と合意しているのであれば、彼を信頼し、その気もちを尊重して我慢できるかどうかが、とても大事だということです。とはいえ、公言できると、結婚へのスピードが早まるので彼にときおり「○○さんなら言っていい？」などと提案してもいいと思います。

社内で気になる女性にとる行動の特徴とは？

というわけで、気になる女性がいても、男性のほうから好意を表したり、告白をすることはなかなかしにくいのが現状です。恋愛にまで発展しないケースもありますので、もしも気になる男性がいるなら、どんどんアプローチしたほうがいいです。念のために、職場や学校などの同じグループ内にいる男性が、気になる女性にとる行動の特徴を伝えておきます。

1——仕事を口実にあなたとコンタクトをとりたがる

男が職場で気になる女性にする行動の1つ目です。単純ですが、気になる女性とはできるだけ接触したいと感じるものです。でも、〝どうすればいいかわからない〟と男性は思っているので、とりあえず仕事を口実にして接触をはじめようとします。

仕事の話は最初のちょっとだけ。次に仕事とは関係ない話題が長々と続く。あるいは、とくに必要のないような些細な業務連絡をしてくる。

このようなことがあれば、「とにかくあなたと話がしたい」という意思表示です。あなたに気があると思っても、間違いないでしょう。

もっとストレートなのは、仕事の相談や打ち合わせを口実にあなたと会いたがる。

「あの件だけど、ちょっと反省会しない？」など、あなたとの時間を設けようとしてくるというのは、気がある証拠としてとらえておいていいでしょう。

2——なにかと力になってくれる

たとえば、あなたが仕事でミスをした、対処に困っている、クレーム処理に悩んでいるという窮地に陥っているときに、誰よりも先に手助けしてくれるとしたら、その男性は、あなたに気がある可能性が大です。

基本、男は生産性を重視する生きものです。**「役割分担」は男性脳なので、本来、自分に関係のないことは極力やりたくない**ものです。でも、それでも真っ先にあなたを助けてくれるというのは、業務の枠を越えている。ましてや部署を越えていたとしたら、これはもう好意でしかありません。間違いなく積極的自己犠牲ですから。

もちろん、ただいい人で助けてくれる男性もいますが、次の場合はもっと確度が高いです。たとえば、あなたがサインを出す前に問題やトラブルに気がつき、助けてほしいと言う前に彼から手を差し伸べてきたなら……これはほぼ確定です。

あなたのことをいつも見ているからこそ、すぐに困っていることにも気がつくし、先回りしてサポートもできるということなのです。同僚として手を差し伸べるというレベルを明らかに越えていますから、あなたに好意があるということですね。

男はやはり「女性を助ける」ことによって「自分には力があるぞ」とアピールしたいものです。力の証明が人生のテーマですから。とくに、好きな女性には、ほかの誰よりも力になろうとするので、気になる女性にとる行動としてとても多いパターンです。

3　ほかの人への態度より冷たく感じる

ちょっと意外かもしれませんが、たとえば、みんなとはいつもフランクに明るく話すのに、あなたにだけはそっけない。あるいは、ほかの人には仕事のアドバイスとかをするのに自分にはなんの助言もない、などです。

全員に対して冷たいのであれば別ですが、なにか自分にだけは冷たく感じる……というときも、意外とあなたに気があることがあります。

これは「2」とは正反対で気づきにくいのですが、たとえるなら、小学生のときに**気になる女の子に意地悪をする男の子。**素直になれない男子のアピール方法です。これを大人になってもやっている男性です。あなたを妙に避ける、無視する、冷たく感じさせる。行動とは裏腹なのですが、とてもあなたのことを意識しているし、じつはそのことで、あなたに気にしてもらおうというわけです。

ややこしいな、と思うでしょうが、巷ではこれを〝**好き避け男子**〟なんて呼んだりもします。好きだからこそ避けてしまうという好き避け男子は、とくに職場や学校、趣味などのグループ内では、最近増えてきている気がします。これ、じつは本人もわかっていない深層心理です。

残念ながら、本当に苦手で避けられていることもありますが、嫌われる理由がもし見当たらなくて、そして、「自分にだけ、なんか冷たいなぁ」と感じるときは、ほぼ間違いなく気になっているということかなと思います。

こういう人には、どうすればいいかというと、怖がらずに自分から話しかけたほうがいいです。そしたら、向こうも安心して、だんだん素直な気もちを伝えられるようになってきたりします。

「好き避け男子」は女性脳が強いので、どこか「待ち」の姿勢なのです。そうなったらやはり女性から行く時代です。メス力、おおいに発揮しましょう！

あ、もちろん、こんな面倒な男はどうでもいい、という方は、なにもアピールせずに放っておいたらいいだけなのでご安心を。

特別授業

「なかなかプロポーズしない彼」にプロポーズさせる

結婚を渋る理由を知って潰せ

もしもあなたにすでにおつき合いしている彼がいて、でも結婚の話題が出る気配がない。だから、ほかに結婚できる相手を探そう……。そう思って、この本を手にとってくださったなら、少しお待ちください。まだ諦めるのは早いかもしれません。いまの彼がなぜプロポーズしないのか、ここで時間をとって考えてみたいと思います。

男が結婚を渋る理由はいくつかあります。彼が乗り気にならない理由がわかれば、あとはそれを潰していくだけ。いずれにしても、結婚してくれないからと言って、アナタのことを嫌いになったわけではありません。そこは忘れずに。自分を不安にさせる理屈にエネルギーを注がないこと。

男性にとっての結婚と、女性にとっての結婚にはいくつかの違いがあるので、その点も理解しておくことが重要です。いまから伝えることも、完全な男性目線の本音ですが、ここを正確にとらえておかないと、この話は進みませんので、まずはそのままを言いますね。

まず大前提としてお伝えしたいことがあります。当然ですが、男性は出産ができません。ですが女性は、子どもを産むなら体力的にも早いほうがいいと考えますし、妊娠できる年齢にもタイムリミットがあります。

つまり、結婚がいつになっても、さほど焦りがない男性と、現実的なことを考えると早く結婚しないといけないと思う女性の意識差があるのです（出産したいと考える女性を前提に書いていますので、そうでない方は悪しからず）。

なので、この点は女性が先導して、彼に教えてあげることが大切です。あなたのことを大事に思うのなら、彼が結婚を決意する可能性はそれだけであがります。

1 結婚すると自由を奪われると思っている

男性が結婚を渋る大きな理由として、**結婚に対してあまりメリットを感じていない**ことが挙げられます。

女性には非常に失礼な話ですが、結婚してもしなくてもこれまでとつき合いがなにか変わるわけじゃないし……などと考える人が多いのです。

メリットがない一方、結婚すれば家族を養う責任や社会的な責任も重くなる。結婚式の費用、育児、教育費など、金銭的な負担は増えていく。そのうえ、相手方の家族も増えるので、精神的な費用もかさむ。自由な時間もなくなるだろうし、妻以外の女性と積極的にかかわることもできなくなる。

その将来を想像すると、なかなか結婚に踏み切れないのです。女性からすると、「責任をとれなんてひと言も言っていないし、あなたにだけ費用を負担してなんてことも言っていないでしょ！」と心外だとは思いますが、妙にええかっこしいの男は本能的にこういったことを勝手に背負い込むのです。

だからといって「結婚したくない」というわけでもないのです。「いずれは……」と考えている男性がほとんど。また、いまの関係に満足しているので「まだいいかなぁ」とついつい先延ばしにしている人もいるでしょう。

彼がいつまでたっても結婚に踏み切らないのはたしかに不安ですが、結婚は彼にとっても人生の大きな転機となるので、いま言った理由も含めて、簡単に決断できるものではないことを理解してあげるところからはじめていきましょう。簡単に言うと、**責任の重さに「びびっとる！」というだけ**です。

対処法は、**男子がびびっていることを、安心させてあげればいいだけ**です。「結婚しても自由は奪われない」「金銭的なこともあなただけが負担するわけじゃない」ということを、彼が納得する形で伝えて払拭してあげる。

たとえば、「結婚しても、あなたの生活はいままでと変わらないし、自分の時間も大切にして趣味も続けてね」とか、「結婚後もわたしは仕事を続けるつもりがあるよ」とか。**あなたの給料の額面をさりげなく彼に伝える**とか。

さらに普段から束縛せず、「結婚してもこういうのが日常だよ」と、彼にとってのメリットを見せるのも一案です。とにかくあなたが考えていることは、彼に十分の一も伝わっておらず、彼が勝手に結婚とはこういうものだ、と思い込んでいるふしがあるということを頭に入れておいてください。

あとは、**めちゃくちゃ幸せな結婚をしている友人の家に遊びに行く**、食事をする。彼の先輩に結婚のよさを語ってもらうのも効果的でしょう。すごく言い方は悪いですが、結婚後には彼も意識が変わり、いま言った彼のことだけを優先する生活にはなりませんから、安心してください。実生活がはじまったら彼も腹をくくるので、あとでどうにでもなります。ですからいま大事なのは、まずは結婚を決意させ

ること、そのための手段として結婚への彼の不安を払拭して、ハードルを下げること
なのです。

2　結婚よりも仕事を優先したい

結婚を渋るのには、いまの仕事が忙しかったり、あるいはうまくいっていなかったりすることが大きく影響していることもあります。仕事が忙しければ結婚を考えるヒマもありませんし、結婚したとしても、時間の余裕がないとあなたに負担をかけてしまうのではと、不安になってしまいます。

また、仕事がうまくいっていないのであれば、**「結婚しても家族を養えない」と不安に感じているかも**しれません。結婚となると、お金の心配はどうしてもつきまといます。婚約指輪、結婚式、引っ越しに出産、子どもを迎える準備、ゆくゆくは住宅ローンに子どもの進学……。将来必要になる金銭的なことも含めて、結婚に不安しかない可能性もあるのです。だからこそ、いまは仕事に集中したい、という男の心理が働くのです。

とはいえ、ちょっと逆の視点でとらえてみましょう。結婚に踏み切れない理由が仕

事や収入における悩みなら、その不安を少しでも払拭できたならば、じつは結婚を意識させるチャンスとも言えます。

仕事が忙しい、うまくいっていないようなら、仕事の悩みを聞いてあげて、そこで活路を見いだせるようになるのがいちばんの王道です。彼のプライドを折らずに、あくまでそっと、別の角度であなたの意見や、アイデアを伝える。また、実際にあなたの経済的観念がしっかりしていて、散財するわけじゃないというところも見せる。

もし本当なら**「将来のためにしっかりわたしも貯金してるよ」と伝える**のもいいでしょう。もちろんそれを当てにさせるわけではないですが、彼だけに負担を背負わせないという安心材料としては大切な要素です。

また、**彼がいつも外食なら、「お金もかかるし、わたしがつくるね」**と実際にしてあげたり、ときにはお弁当をつくっていってあげてもいいかもしれません。この女性はお金を大切にしているかというのを男は本能的に見るので、細かいですが彼の不安をとり除くうえでは、とても大切なことです。

別の観点で言うと、**とにかく男性は余裕のある状態でないと、結婚の決断をしない**ので、1人でいる時間が必要そうなら**「今度の休みはゆっく**

り休んでね」と、会う機会を減らしてでも、将来のために彼1人で休める時間をつくってあげるのもおススメです。

なにかをするのもいいですが、ときには**なにもしないで放っておいてあげるのも、じつは彼のためになることもある**のです。とにかく彼にとって必要なものを察し、それを与えてあげることで**「彼女とならいいパートナーになれるかも」と思わせる。**献身的なサポートで結婚を意識するキッカケづくりや土台づくりをするのです。

結婚にはタイミングも大切です。ここぞというタイミングを逃さないように、つねに彼の動向をチェックしながらサポートしていきましょう。結婚後はそこまでしてくれたあなたに、彼が恩を感じていろいろとお返ししてくれます。

3 結婚に対するいいイメージがない

結婚を言い出さない理由として、彼にとって結婚が決していいイメージではないということもあるでしょう。

彼自身の両親が不仲だったり、離婚をしていたりすると、結婚生活に幸せなイメージがもてず、結婚＝しんどい、うまくいかない……と思うことも。なかには親を反面教師にして「俺は絶対に幸せな結婚をしてみせる！」と強い結婚願望をもつ男性もいますが、いいイメージがない人が多いでしょう。

また、友人たちから聞く経験談は影響力大！ です。先に結婚した友人たちからあまり幸せそうなエピソードを聞かないと、「やっぱりそうだよな……」と不安になり、結婚を渋る結果になってしまうケースもあります。

そこで、結婚に対するマイナスのイメージを少しでも払拭できるよう、あなたのほうから働きかけてみてください。ちなみに、既婚男性の妻へのグチはたいていこんな感じです。「料理をしない（料理がまずい）」「部屋が汚い（だらしない）」「女として見られない（化粧やおしゃれをしなくなった／体形が変わった）」「いつも小言を言っている」「自由に使えるお金が少ない」「夫は無視で子ども中心」「家で邪魔者扱い」「結婚前と人格が変わった」など。こんなグチを聞いていれば、彼も結婚を前向きには考えられないはずです。

ですから、将来的に彼が不満をもつかもしれない要素が、できるだけないように見せることが大事です。料理はもちろん女性だけのものではありませんが、おいしい料理をいっしょに食べれば、とても幸せな気もちになります。部屋がつねに整理整頓されていたら、あなた自身も気もちがよいでしょう。などなど、いまから努力できることをやってみる。筋トレみたいなものです。

〝がんばって必死にやっている〟のではなく、いつも自然にできるようなレベルまでもっていけたなら、彼は安心し、「この人となら結婚できるかも」と思うのです。

そして、可能なら、妻のグチを言わない、本当に幸せな家庭を築いている人との交流をもって、その人たちといる時間を彼といっしょに増やしましょう。

これは難易度が高くなりますが、なんとか見つけられて、彼に結婚っていいものだと思ってもらえると、けっこう簡単に結婚を決断するものです。人は環境に染まりやすい。結婚は墓場だ、とか言っている連中より、結婚して本当によかった！　と言っている人たちと、いかに時間を過ごすかが大事になってきます。

4　結婚への決定打に欠ける

あなたの意中の相手が結婚を渋る場合、「結婚を決断するほどの理由が見いだせない」のも1つの理由として考えられます。

とくに彼自身がいまの生活にある程度、満足していると、結婚の必要性や結婚をする意味を見いだすキッカケがありません。自由になる時間やお金があり、彼女もいるし、仕事もうまくいっている。料理は自分がつくればいい。こんな男性だと、「生活を変えてまで、なんで結婚をする必要があるのか?」と思ってしまうのです。

結婚には勢いが大事だと言いますが、決定打がなければ結婚には踏み込めないのもたしか。〝いつか〟は結婚しようと思っていても、いまじゃない。その決断をするキッカケがないのです。

なので、デキ婚……いまは〝授かり婚〟と言いますが、これはそんな男性の背中を思いっきり押してくれます。ただし、妊娠したけど産めないという結果になるのはリスクが大きすぎるため、意図的に実行するのはおススメしません。「大丈夫」と言ったのに妊娠したというトリックを使うことで、「騙された」と信頼関係が完全に壊れてしまった破局カップルも実際にいますから。あくまで自然な授かり婚がいいです。

また、彼の両親が「早く孫の顔が見たいねぇ」などと言ったり、まわりの友だちに子どもが生まれて父性をくすぐられたりすると、結婚や家庭を意識するキッカケになることもあります。**あくまで相手の両親というのがポイント**です。

なぜなら、あなたの両親にそれを言わせると、とても意図的に見えすぎたり、逆にプレッシャーを与えすぎてしまうからです。

ですから、彼の両親が健在なら、できるだけ早く仲よくなり、相手のご両親に、「こんな素敵な女性はいない」くらいに思ってもらうと、孫の顔が見たいとまでは言わなくても（最近ではハラスメントになることもあるので）、「そろそろ結婚しなさい」と言ってくれる可能性が高くなります。

男は、自分に影響力のある人からの助言や言うことを聞きやすいので、そういう意味では相手の両親でなくても、**彼の尊敬する先輩、人生の師と仰ぐような人に言ってもらうのもアリ**です。

「男は結婚してからが真の人生だ」「責任を背負うから男は大きくなる」「経済的なことを心配して結婚しないのなら、一生できないぞ！」などと、その方から言ってもらうと途端に彼にスイッチが入ることも多々あります。

もし、彼にそういった方がいるなら、「あなたの大切な人なら、わたしも会いたい」とコンタクトをとってもらいましょう。そして、その人に認められ、仲よくなったら、彼がなかなか決断してくれないことを素直に相談してみるのも1つの策です。

自分の言うことは聞かないくせに、なんでほかの人の言うことを聞くのよ、と腹が立つかもしれませんが、**男は序列で生きてますから、自分より格上だと認める相手の言うことは素直に聞く**のです。そこは活用させてもらいましょう。結婚の決断が第一優先です。

それとこちらは念のためですが、結婚を渋る理由があなた自身に関連している……という可能性もゼロではありません。そこも考えてみましょう。

彼に対して小言を言ったり、オシャレをサボったりしていませんか。

お金や時間にルーズだったり、料理や掃除にまったく興味がないと、長い実生活になる「結婚」を決断することはできないと思います。

結婚は未来のことですが、彼はいまのあなたを見て結婚を決めます。いま、できていないことは将来できるわけがないと判断するので、「どうして結婚してくれないの？」と彼を問い詰める前に、まず自分自身に問題はないのか？　をいま一度考えてみるのもいいかもしれません。結婚という運命共同体として、この人とならやっていける！　と思ってもらいましょう。もちろん何度も言うように、結婚後は家事も分担したり、料理も交代制にしたりすればいいので、ここも安心してしっかり見せていってくださいね。

婚期を早める必殺技「ーメッセージ」

結婚したいのに、彼が言い出さない。なんとなくはぐらかされる……。そんな状態だと、つい焦る気もちをぶつけたくなってしまうもの。でも、「わたしは早く子どもを産みたいの」とか「友だちはみんな結婚してるんだよ」などと、感情を前面に押し出して迫っても、彼は「そうか。なら結婚しよう」とならないばかりか、マイナス100くらいのダメージを背負う可能性もあります。

彼は「早く子どもが欲しい」と思っていないかもしれないし、あなたの友だちが結婚しているからといって、俺がすぐに結婚しなければならない理由にならないし、と思っていることも。あなたとの結婚がもっとイヤになる。それを機に関係がおかしくなる。サイアクは別れを告げられる可能性もあります。

ではどうやって結婚を主張すればいいか？　基本的には彼に歩調を合わせながらも、あなたの主張を「ＹＯＵメッセージ（ユウメッセージ）」ではなく「Ｉメッセージ（アイメッセージ）」で伝えるのが王道です。

前作の『シークレット婚活塾』にも書きましたが、ＹＯＵメッセージとは、相手を批判して〝指示・命令〟すること、Ｉメッセージとは相手を批判しないで〝提案・依頼〟をするコミュニケーション手法です。たとえば、今回のあなたが彼と結婚したいという主張を、ＹＯＵメッセージで伝えるとこうなります。

「わたしたちつき合って何年になると思ってるの！　早く結婚してよ！」

「ずっとあなたの都合に合わせてきたよ！　いつまで待ってればいいわけ？　早く結婚してよね」

みたいな感じです。批判されて指示・命令された男は、素直に言うことを聞けなくなるばかりか反抗的になったり、意固地になったりします。

一方「Ｉメッセージ」だとこうなります。

「あなたとのつき合いはほんといつも楽しい。だから早くあなたと結婚できたら、もっとうれしいな」

「いつも努力家の○○さんを尊敬してるよ。そんなあなたとの子どもができたら幸せだろうな」

いかかでしょうか。言葉は弱いように思いますが、こちらのほうが彼に主張が通りやすくなります。あなたは自己主張はしているけれど、彼に考える余地を残してあげているので、関係がおかしくなるようなことはありません。あくまであなたは提案しかしておらず、彼に選択権があり、彼が決めたということになりますから、やらされた感も出ません。

そしてこのコミュニケーションの**最大の利点は、何度も使えるということ。**すなわち、Iメッセージで彼に自己主張して、彼が、「俺もそう思うよ、結婚したいよね」とか「子どもいいよな」とか言ってきたら、そこから具体的に日どりなどを決めていけばいいし、そこで**食いつきが悪い場合は、また今度言えばいい**のです。

彼はあなたとの結婚は嫌ではない状態ですから、何度も圧力のない、あなたの主張を聞いているうちに、いつか〝男気スイッチ〟が入って、あなたの思いに応えたくなる日が必ずきます。つまり、**ただ待つのではなく、嫌がられることなく、**

控えめに最大の攻撃をしているわけです。

ちなみに、このIメッセージは、結婚の提案だけでなく、いろんな自己主張にも使えるし、相手を変えたいときに何度も使えるので、ぜひこの機会にマスターしておいてください。コツは相手を否定せず、自分の感情を素直に伝えることです。**語尾に「○○してくれるとうれしいな」「○○だとありがたいな」「○○してくれると助かるな」とつける**だけです。プラスアルファ、感謝や承認の言葉も最初に添えると、よけいに彼はあなたの提案を受け入れやすくなるでしょう。

そうやって最大の攻撃をしながら、婚期を早めてくださいね。それでもどうしても、彼があなたの思いに応えない男だとしたら、それこそもう自分のことしか考えない人間性ですから、つき合い自体を考える必要もあるとぼくは言いたいです。

それでも結婚してくれないときの次の一手！

いろいろ考えられる王道の手はすべてやった。それでも彼が結婚を決断しない、あるいは先延ばしにするときにどうするか。ムカついたり焦って彼に文句を言ったり、八つ当たりしても、意味はありません。気もちはスッキリしますが、現状はなにも変わりませんし、関係が悪くなってしまう可能性も大です。

ですから同じリスクをとるなら、大きな賭けに出るのも一案です。

「あなたはいま結婚を考えられないみたいだから、一度距離をおきましょう」

と伝えてください。あなたにとって結婚というものが重要であるということを、彼にわかってもらうことが大切なのです。

また、そうやって**距離を置くことで彼があなたの大切さを実感**し、「失いたくない！」と思ってくれることも重要です。彼があなたと元通りにつき合いたいと願ったときがチャンス。戻るということはそういうことだよ、という話ができて、結果的に結婚が現実になるでしょう。本当に最後の手段なのでよく考えてから実行してくださいね。

そして**もう1つの賭けは「自分からプロポーズする」**です。

「プロポーズは男性からするもの」という固定観念を捨てて、欲しいものは自分が申し込むという選択肢をもってみるのもいいと思います。

結婚したくないわけではないけれど自分からプロポーズはしない、できたら流れに任せたいという男の場合は、なかなかプロポーズしません。逆にそこまで嫌じゃないので、授かり婚と同じく、きっかけさえあれば意外と腹を決めたりします。また、相手の女性にプロポーズされれば結婚するという「女性に引っ張ってもらいたいタイプ」の男性が増えているのも事実です。

「プロポーズして断られたらどうしよう」

「プロポーズはやっぱり彼からしてほしいな」

複雑な思いはあるかもしれませんが、相手からのプロポーズを待っていたら何年経つかわかりません。〝理想の結婚の仕方〟より〝結婚を理想〟にしてくださいね。

ただし、**プロポーズを成功させるためにもベストなときを見計らって勝負をかけてください。** ケンカした直後にプロポーズしたってあかんことは明白ですよね。ですから、「俺たち、めっちゃ仲いいやん！」と彼が思っていて、「俺、めっちゃ幸せ」と彼が感じる日が続いているときに、勝負をかけましょう。

そして、このときには、先述した**Ｉメッセージではなく、「わたしと結婚**

しよう！」「わたしと結婚してください」とハッキリと伝える。

そして、彼の返答次第では、彼との今後のつき合いを続けるかどうかを考えていることも、示唆してください。脅すわけではないですが、この段階においてはそれくらいしっかり、わかりやすく自己主張し、彼にも女性の結婚の価値観をわかってもらうこと、子どもを産む選択肢があるのなら、女性にはリミットがあることを伝えることが重要です。その場で返事がもらえそうにない場合は、期限をお互いに決めて答えをもらいましょう。

また、ここに合わせ技で最強なのは、先にお伝えした、周囲にいる彼の大切な人、彼の両親や尊敬する先輩や師にあたる人を日ごろから大切にしておくこと。その人を大事にしておけば、サイアクあなたと別れたあとに、その報告がいきます。

そのときに一度別れた彼女について、彼の父親の「おまえにはあの子がいちばん合ってたぞ」とか、尊敬する人の「おまえあの子逃したら次はないぞ！」といったひと言で、復縁からのプロポーズになった男性を知っています。

周囲からの再推薦は彼の背中を大いに押してくれます。そのときになって気づいても遅いよと、思うかもしれませんが、あなた自身も別れた直後は後悔しているかもしれません。可能性は最後まで残したうえでの最後の一手なのです。念のため言いますが、本当に打つ手がなくなったときの一手ですからね。

結婚できないのではなく、したくないのかもしれない

さて、0時限から5時限目、課外授業、そして特別授業と長々とおつき合いくださりありがとうございました。

基本的な結婚までの手順とコミュニケーションの取り方は、前作『シークレット婚活塾』でお伝えしているので、そちらを参考にしてください。今回はより具体的な攻め方をシチュエーション別にお伝えしました。

最後に、結婚に関してみなさまに考えてほしいことがあります。

深淵なテーマになりますし、人によってはちょっと難しい、いや、目をそむけたくなる可能性もあるかもしれませんが、読んでくださるとうれしいです。

令和の時代になり、ジェンダー平等が大きな課題となるなかで、今後の結婚の在り

方も変わってくると思います。そんななか、ぼくが言いたいのは、**これからは受け身ではなく自分の人生、どんどん自分で切り開いていってええんやで、**ということです。

「選んでもらう」「選んでください」ではなく、**あなた自身が選ぶ側に回る**のだということを強く意識していってほしいのです。

極端なことを言えば、あなたがいま手にしているものはすべて「あなたが選択した」ものかもしれない、という可能性に立って考えてみてください。

なぜなら、どんなに「いや。選択なんてしていない」とか「望んだものなんてなにも手に入っていない」「こんなはずじゃなかった」と言おうとも、いま、あなたが生きている人生は、ほかの誰のものでもない、「あなた」の人生なのです。あなたが選択したものでないなら、「誰」が選択したのでしょう？

『嫌われる勇気』というロングセラーの本があります。そこで有名になったアドラー心理学の考え方に「原因論」と「目的論」というものがあります。たとえば、「現在、独身である」という事実に対して、あなたはなにが原因だと考えますか？

「たとえば、仕事が忙しくて……」

このような原因が考えられたとします。たしかにそうですよね。しかし深く考えると、本当に結婚したいのなら、極論、忙しくないように仕事をこなすスピードをあげる、あるいは人に任せる努力をする、本気なら忙しくない仕事に転職することもできるかもしれません。

「転職したいのですが、なかなか希望の仕事がなくて」

それならやはり、仕事を任すか、誰かに振る。もしくは上司と直談判して社員を増やしてもらうしかないですね。

「そうしようと思うのですが、上司がわかってくれなくて」

では、希望の仕事じゃないかもしれませんが、転職をして、結婚をするための時間確保を最優先にしてみてはどうでしょうか?

……これ、永遠に続きますよね。なにを伝えたいかと言うと、結婚できない原因が忙しいというなら、それを潰せばいいだけなので、本気の本気になれば絶対にできるのです。

しかし多くの人がそれをやらないのはなぜかというと、そこまで優先順位が高いわけじゃない、あるいは、結婚自体を本気で望んでいるわけじゃないかもしれないということです。それ以外のことを叶えたいという可能性があるのです。

たとえば今回の場合だと、「会社に頼られている感」「婚活の時間より、仕事以外の自分の休憩時間」「結婚して彼に尽くすより、自由を謳歌したい」などなど。

人間は無自覚に自分のメリットの最大化を選びます。ほとんどの方はここに気づいていませんが、たとえ1パーセントでも、自分の叶えたいことが上回ったほうを選びます。無意識というのが怖いところでもあります。

たとえば、結婚したいが49パーセント、自由でいたいが51パーセントと無自覚に上回っていれば、そちらを叶えようとします。また、子どもを産みたいが49パーセントでも、無自覚ですが子育てより自分の趣味を大事にしたいが51パーセントなら、やはりそちらを叶えようとします。

そう考えると「独身である」は、あなたが無自覚に選んでいるのかもしれないということです。

現在の状況に納得していない、理想ではない、こんなの自分で選んでいないと思ったとしても、「裏に隠されたメリット」を考えるとわかりやすいと思います。「結婚できない」の裏にあるメリットとしては、「自分の自由な時間を謳歌できる」とか、「自分磨きをしないでいいからラク」とかもあるかもしれませんね。

ぼくの婚活塾に来た女性は以前、大好きな彼にサイアクのフラれ方をして破局を迎えました。それがトラウマになっていたため、すごい格言を言い放ちました。「(恋愛は)はじめなければ終わりはない」と。これなどは正に、つき合ったら楽しい、幸せというメリットよりも、フラれたくない＝傷つきたくない、自尊心を保っておきたい、というメリットのほうが上回っている状態です。

いま例に挙げた女性は自覚していますが、ほとんどの人は裏に隠された無自覚のメリットに気づかず、「本当はこうなりたい」とか、「こんなはずじゃなかった!」と言ったりしています。

じつは、ぼくの経験上、裏のメリットのほとんどが、「エゴを満たす」「怠惰」「ラクをとる」「挑戦するのが怖い」「現状維持で安心したい」だったりするので、そんな裏メリットを追いかけている自分を直視したくないという心理が無意識に働いています。

その結果、出てくるのが「原因」です。言い方をかえると、原因とは、〝言い訳〟〝自己正当化〟と言ってもいいかもしれません。

本来は、自分が選んだ現実にもかかわらず、無自覚にしろ、それを認めたくないので、「いや、○○が原因でうまくいかないんです」と言う。原因のせいにしてみると、自分は変わらなくてもいいし、努力しなくてもいいので、本当にラクです。ですからみんな、○○が原因でその結果○○になったという「原因論」で生きるのです。

では、「目的論」はなにかというと、その正反対の考え方です。人の言動（言葉や行動）には、先に目的があって、原因はあとからつくり出しているというものです。

たとえば原因論だと、ムカついたという原因があって、相手を怒鳴ったという結果があります。しかし、目的論だと、相手を反省させるという目的が先にあって、そのために怒鳴るという手段をとったという考え方になります。

すべての言動には先に目的があり、感情の発露ですらも、目的をもって使っているというのがこの目的論の立場です。この目的論の考え方だと、先に独身でいるという目的をもっている。でも裏のメリットを認識したくないので、その原因をあとからひねり出していませんか、ということです。すべては自分で選択しています。

本当に「結婚」がしたかったら、いま、独身ではないかもしれないし、もしかすると誰かと出会いたくないから、自分磨きをしたくないから「忙しい」という原因をつくっているのかもしれません、という考え方なのです。

もちろん、全員がここに該当するとは思ってはいませんが、なかにはここを自分で認識せずに、前に進めないという人がいるので、お伝えしています。なぜなら、いかに本書のテクニックを使っても、「結婚しない」「独身でいる」ことを無自覚にでもあなたが自分で選んでしまっていたら、ぼくがなにを伝えても結婚にはとうてい至らないからです。

あなたが本当に結婚したいと願うなら、必ず結婚できます

なかなか受け入れがたい理論と思われるかもしれませんが、もしあなたが「目的論」を理解したなら、それは前に進み人生が思い通りになるチャンスです。

なぜなら**人や環境のせいにせず、自己責任で力強く生きることができる**からです。すべては自分が選び、現実がその通りになっているということは、自分で人生を変えられる。自分の無自覚の目的に気づき、実現したい目的にさえ変え

られれば、それもやはり現実化するということです。

いちばん厄介なのは、自分の真の目的（裏に隠されたメリット）を理解せずに、人や環境のせいにして、ずっと言い訳を言い、自己正当化してなにも変わらない人です。そういう意味で、目的論は強烈なショック療法とも言えますが、ここを受け容れた人は本当に人生を自由自在に謳歌しています。

実際、過去にぼくの婚活セミナーに参加した女性は、この話を聞いてこんなことを言いました。

「敬一さん、わたし、幸せになりたい〜いと言いつつ、いつも絶対につき合えないだろうという男性にアタックして、案の定フラれて、嫌な気もちになりつつも、どこかホッとしていたことに気がつきました！　本当は男性とつき合いたくなかったんですよね。いままで彼氏ができなかったから、彼氏をつくるのが怖かったんですね」

自分の真の目的を自覚してから、彼女はあっという間に彼氏ができました。

そうです、**結論から言うと、ほとんどの人は、「変わるメリット」より「変わらないメリット」を選んでいるだけ**なのです。

脳は基本的にナマケモノです。人も環境も、体調ですら、昨日と今日、今日と明日で、なにも変わらないことが望ましいのです。

これはなにもあなたが悪いわけじゃなくて、人間の本質はそういうものなのです。人間、さらに言うと、遺伝子の仕業です。遺伝子は非常に利己的ですから、自分がどうやればいちばん生きながらえるかをつねに考えます。その生存戦略が変わらないことなのです。

変わることは負担になります。体温が今日は36・5度、明日は40度、明後日は35度になったらたまりません。体重が明日と明後日で20キロも違ったら生きていけません。極端な話ですが、遺伝子が生き残るにはすべてが変わらない状況下が望ましいのです。

なので、変わらないことが遺伝子的には最大のメリットです。しかしぼくらはその本能に負けてはいけません。**本能の目的を自覚しつつ、理性で真の目的をつくり直し、意志をもってその幸せを叶えていただきたい**のです。

ですから荒療治ですが、長年、恋愛がうまくいかない、婚活がうまくいかないという人には、再度考えてもらいたい。

なぜ、あなたには好きな彼ができないのか?

なぜ、「好きです」と言うことに抵抗があるのか？
なぜ、毎回だめんずを選んでしまうのか？
なぜ、絶対に幸せになれないとわかっているのに、その人とつき合っているのか？
なぜいま、独身なのか……。

裏に隠されたメリットを考察してみてください。潜在意識に潜んでいる「本当の目的」をいま一度、考え、受け容れ、これからの「真の目的」をつくり直してみてください。

目的が変われば、人の言動、行動は変わります。ぜひ「自分磨き」の一環として、自分観察にも前向きに取り組んでいただけるとうれしいなと思います。

恋愛や婚活は、相手を知ることが大切です。しかしそれ以上に**自分を知ることもとても大切**なのです。自分の課題を自覚しない人は一生変わりませんが、それを発見した人はバラ色の人生になれます。ぜひ、最後はその深いところにいる自分にも、意識を向けてみてください。後悔はさせません。なぜなら、この考えは今後の人生を通して、**あなたの人間力をアップしてくれるに違いない**のですから。

著者略歴

井上敬一（いのうえ・けいいち）

兵庫県尼崎市出身。立命館大学中退後、ホスト業界に飛び込み1か月目から5年間連続ナンバーワンをキープし続ける。当時、関西最高記録となる1日1600万円の売上を達成。業界の革命児として、PrinceClubShionをはじめとしたシオングループオーナー業を経て、現在は実業家として企業、個人の人材育成やアパレル、サムライスーツなどのプロデュースを手がけるほか、人に好かれるコミュニケーションを伝える研修・講演を展開している。圧倒的な実績に裏づけられたコミュニケーションスキルをわかりやすく説く講演は、多くの企業・団体から支持を得ている。

また、約20年間のホストクラブ経営の経験をもとに、接客術や人間関係の築き方を活かし、2015年4月からはじめた「恋愛・結婚セミナー」は多くの悩める女性を恋愛や結婚の成功に導き、受講生は600人を超える。これまで数多くのメディアに取り上げられてきたなか、独自の経営哲学で若いスタッフを体当たりで指導する姿はフジテレビのドキュメンタリー番組『ザ・ノンフィクション』で10年にわたり密着取材され、シリーズ第8弾まで放映されている。

2022年、さらなる人間力向上のため青森県曹洞宗高雲山観音寺にて出家得度。法名は「維敬」。

井上敬一 オフィシャルサイト
inouekeiichi.net

「人・運・金」を引き寄せる
オンラインコミュニケーション塾

ムリめの彼、年下の彼、忘れられない彼…からアプローチされる!

シークレット婚活塾［リベンジ］

2023年10月6日　初版第1刷発行

著　者　井上敬一
発行者　小川 淳
発行所　SBクリエイティブ株式会社
〒106-0032　東京都港区六本木2-4-5
電話：03-5549-1201（営業部）

ブックデザイン　小口翔平＋奈良岡菜摘＋村上佑佳（tobufune）
編集協力　有動敦子
D T P　株式会社 RUHIA
動画撮影・音声収録　伊藤孝一（SBクリエイティブ）
写真モデル　川崎かおり
プロデューサー　久保田知子
編集担当　杉本かの子（SBクリエイティブ）
印刷・製本　三松堂株式会社

本書をお読みになったご意見・ご感想を下記URL、
またはQRコードよりお寄せください。
https://isbn2.sbcr.jp/18445/

ISBN 978-4-8156-1844-5